Cornelia Adam
Angela Francisca Endress

Köstliches Südtirol

UMSCHAU

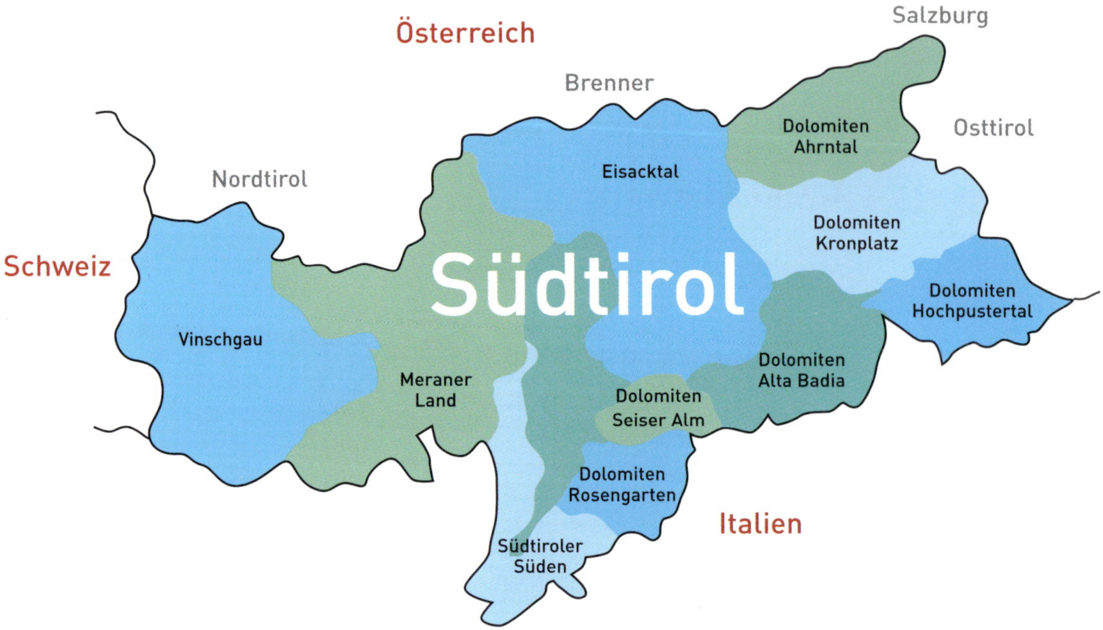
Österreich
Salzburg
Brenner
Osttirol
Nordtirol
Schweiz
Südtirol
Vinschgau
Meraner Land
Eisacktal
Dolomiten Ahrntal
Dolomiten Kronplatz
Dolomiten Hochpustertal
Dolomiten Alta Badia
Dolomiten Seiser Alm
Dolomiten Rosengarten
Südtiroler Süden
Italien

Inhalt

Köstliches aus Südtirol – mit eigener Schutzmarke

Südtirol gleich Knödel und Speck? Zugegeben, am köstlichen Speck führt in Südtirol kein Weg vorbei. Und Knödel gibt es heutzutage in mehr als 40 leckeren Variationen. Aber damit fängt der Genuss erst an. Die heute sehr erfindungsreiche und progressive Küche verbindet optimal alte Südtiroler Tradition mit mediterraner Leichtigkeit. Möglich wird dies auch durch die enorme Bandbreite an Rohstoffen. Das Land Südtirol ist Ursprung hochwertiger Lebensmittel mit eigenem Schutzzeichen. Erzeugnisse, deren Herkunft Südtirol ist, die hier traditionell und nach strengen Ursprungs- und Qualitätsbestimmungen verarbeitet werden, tragen die Auszeichnung »Schutzmarke Südtirol«.

Insgesamt sind neun landwirtschaftlich bzw. handwerklich hergestellte Gruppen von Qualitätsnahrungsmitteln mit der Schutzmarke ausgezeichnet: **Äpfel und Birnen, Speck ggA, Milch und Milchprodukte, Brot, Apfelstrudel und Zelten, Gemüse und Beeren, naturtrüber Apfelsaft, Honig und glasklarer, sortenreiner Grappa**. Seit beinahe 30 Jahren gibt es diese Schutzmarke. Mit dem Ziel, für Südtirol eine Klammer um Qualitätsprodukte und Dienstleistungen zu schaffen, die Werte kommuniziert und Identität schafft, wurde jetzt eine neue Dachmarke Südtirol entwickelt. Sie erlaubt eine eindeutigere Differenzierung und Identifizierung der Qualitätsmerkmale Südtirols.

Was für die Südtiroler Qualitätsprodukte die Schutzmarke ist, ist die kontrollierte Herkunftsbezeichnung Südtirol oder Südtiroler (bzw. in italienischer Sprache *Alto Adige*) D.O.C. für die Südtiroler Qualitätsweine. An den schönsten Lagen auf der Sonnenseite der Alpen gereift, bieten **Südtiroler Weine** beste Qualität und höchsten Weingenuss. Ob Gewürztraminer, Kalterersee Auslese, St. Magdalener oder Blauburgunder, sie alle tragen die D.O.C.-Bezeichnung (*denominazione di origine controllata* – kontrollierte Ursprungsbezeichnung).

Das konsequente und kompromisslose Engagement von Winzern und Önologen hat dafür gesorgt, dass Südtiroler Qualitätswein zu hohem Ansehen gelangte und bis heute zahlreiche Auszeichnungen erhalten hat. Südtiroler Qualitätsprodukte und -weine sind mittlerweile auch hierzulande zu Hause: im gut sortierten Lebensmittel-, Feinkost- und Weinhandel sowie in der hiesigen Gastronomie.

Weitere Informationen zu Südtiroler Qualitätsprodukten unter:
www.suedtirol.info

Zu Qualitätsweinen:
www.suedtirolerwein.com

Der Stolz Südtirols

Eine schöne Schweinerei ist das: der **Südtiroler Speck ggA**, der Stolz des Landes. Unter den Spezialitäten, deren sich Südtirol rühmen kann, nimmt der Speck einen Spitzenplatz ein. Weltweit gilt er als Südtirol spezifisches Markenprodukt mit unverkennbarem Geschmack. Südtiroler Speck geht auf eine jahrhundertealte Tradition und Erfindung der Bergbauern zurück, die eine Methode entwickelten, Fleisch haltbar zu machen. Im Laufe der Jahrhunderte verfeinerte sich die Verarbeitung des Specks zu einer wahren Kunst. Und noch heute gilt: Nur wer strengste Kriterien erfüllt, darf sein Produkt auch Südtiroler Speck nennen.
Südtiroler Speck, leicht geräuchert und luftgetrocknet und damit eine Symbiose aus mediterraner und mitteleuropäischer Kultur, darf ausschließlich aus mageren, vollfleischigen Schweineschlegeln (Hammen) hergestellt werden. Diese werden mit hauseigenen – häufig über Generationen vererbten – Gewürzmischungen eingerieben und drei Wochen lang in kühlen Räumen gepökelt. Spritzpökelung oder andere aggressive Produktionsverfahren sind dabei strengstens verboten. Die anschließende Kühlräucherung mit harzarmen Hölzern gewährleistet eine milde Rauchnote. Danach beginnt die Phase der ca. 22-wöchigen Reifung, in der die Hammen immer wieder streng kontrolliert werden. Erst nach bestandener Prüfung erhält der Speck das Brandzeichen auf der Schwarte und darf sich Südtiroler Speck ggA (geprüfte geografische Angabe – gemäß EU-Verordnung aus 1996) nennen.

Ein absolut aromatisches Stück Schinken also, das für den puren Genuss ebenso geeignet ist wie für die Verfeinerung leckerster Küchenkreationen. Warum aber heißt dieser schmackhafte Schinken Speck? Auch dies geht auf eine alte bäuerliche, alpenländische Tradition zurück, nach der die geräucherten, luftgetrockneten Schweineschlegel eben Speck heißen. Und das soll auch so bleiben.

Wo die Welt nach Apfel duftet

Südtirol, das kleine Land inmitten der Alpen, durch die Berge vor Kälteeinbrüchen aus dem Norden geschützt, zum Süden hin dagegen weit offen, besitzt ideale Voraussetzungen für den Obstanbau. Ein mildes Klima mit mehr als 300 Sonnentagen im Jahr und kühlen Nächten zeichnet im mit 18 000 Hektar größten geschlossenen Obstanbaugebiet Europas für Aroma und Qualität verantwortlich. Auf einer Länge von rund 100 Kilometer von Salurn längs des Etschtals und einer Breite von zwei bis drei Kilometer über die Mittelgebirgshügel des Burggrafenamts bis hinauf nach Kortsch/Laas im Vinschgau wird in Südtirol Obst angebaut. Über ein Dutzend Apfelsorten gedeihen in diesem Paradies, wie etwa **Golden und Red Delicious, Royal Gala, Fuji, Pink Lady®** und **Braeburn.** Eva hätte die Qual der Wahl gehabt.

Dem Südtiroler **Alpen Apfel** wird eine ganz besondere Pflege zuteil. Etwa 8 000 Obstbauern kümmern sich intensiv und mit viel Liebe um die Obstbäume. Umweltschonend und verbraucherfreundlich werden die Forderungen des integrierten Anbaus erfüllt. Das heißt, dass ausschließlich gesundes Pflanzgut verwendet wird und jede Apfelsorte den optimalen Standort bekommt. Böden, Bäume und Früchte werden schonend und umweltbewusst gepflegt und Schädlinge möglichst natürlich bekämpft. Kein Wunder, dass hier die Welt nach Apfel duftet.

Genuss aus dem Apfelgarten

Äpfel aus Südtirol sind in ganz Europa bekannt und begehrt. Ihr unvergleichlicher Geschmack und das volle Aroma finden sich auch im Südtiroler Apfelsaft wieder. Nur handverlesene Äpfel aus integriertem oder biologischem Anbau dürfen für seine Herstellung verwendet werden. Naturtrüber Direktsaft wird ohne Zusatz von Zucker oder Konservierungsstoffen pasteurisiert und dadurch natürlich haltbar gemacht. Die Produktion erfolgt grundsätzlich in sieben Schritten: Ernte, Reinigung, Zerkleinerung, Pressung, Lagerung, Pasteurisierung und Abfüllung. Kaum ein anderes Lebensmittel bietet eine so harmonische Kombination von natürlichen Zuckerarten, Fruchtsäuren, Vitaminen, Mineralstoffen und Spurenelementen wie der Apfelsaft.

Brot ist Kultur

Brot gehört zu den ältesten und wichtigsten Nahrungsmitteln der Menschheit. Südtirols Brotgeschichte geht auf die ersten Getreide-Wildformen ca. 4500 v. Chr. entlang der Etsch zurück. Ab 2250 v. Chr. bürgerten sich verschiedene Kulturformen wie Dinkel, Emmer und Einkorn ein. Dinkel ist bis heute erhalten geblieben. Die Südtiroler Brotsorten – bekannt sind in Deutschland u. a. **Schüttelbrot, Vinschger Paarl** und **Pusterer Breatl** – haben eine ganz eigene Geschichte und Tradition. Die Kunst des Backens wurde über die Jahrhunderte gepflegt und weiterentwickelt. Das heutige Brotangebot ist variantenreich, hochwertig und grundsätzlich nur aus natürlichen Rohstoffen hergestellt: Mehl, Wasser, Salz, Hefe oder Sauerteig sowie Gewürze. Konservierungsstoffe, Geschmacksverstärker oder andere chemische Zusätze sind tabu. Der Unterschied zwischen den einzelnen Brotsorten liegt in den Mehlmischungen und den individuellen Gewürzzusammensetzungen (z. B. Kümmel, Koriander, Fenchel, Brotklee). Das Brot wird nach strengsten Hygienevorschriften, landestypischen, oft überlieferten Produktionsverfahren und mit viel Handarbeit hergestellt.

Das gilt auch für **Gebildebrot** (auch Allerheiligen- oder Osterbrot genannt), das **Fastengebäck Brezen** sowie für **Früchtebrote** und den nach Familientradition zubereiteten typischen **Apfelstrudel**. Früchtebrot (häufig auch Kletzenbrot genannt) wird mit Dörrbirnen, Zwetschgen, Nüssen, Sultaninen, Feigen oder Apfelspalten angereichert. In seiner verfeinerten Form heißt dieses Brot Zelten und gilt als Weihnachtsgebäck schlechthin.

Gemüse und Beeren

Intensives Aroma

Erdbeeren, Himbeeren und **Johannisbeeren** aus Südtirol wachsen in Höhenlagen heran. Da es dort kühler ist, reifen die Beeren langsamer und entwickeln dadurch ein besonders volles und intensives Aroma. Das trockene Klima der Höhenlagen und die ideale Sonneneinstrahlung sorgen für eine gesunde Reifung der Beeren. Die optimalen Anbauverhältnisse, die die Pflanzen widerstandsfähig machen, das durch die Höhe bedingte Fehlen von sortentypischen Schädlingen sowie die liebevollen, umweltfreundlichen Anbaumethoden der Beerenbauern tun ein Übriges für einen vollendeten Genuss.

Natürliche Qualität

Sonnige Tage, kühle Nächte, luftige Höhenlagen und fruchtbare Böden bieten ideale Bedingungen für knackiges Gemüse wie **Blattsalate, Kohl, Kartoffeln** und **Radicchio**. Die Südtiroler Gemüseanbauer sind Familienbetriebe, die ihre Salate und Gemüse vom Anbau bis zur Ernte mit größter Sorgfalt pflegen. Alle Gemüse sind im Freiland kultiviert und daher voller guter Eigenschaften: frisch, knackig, schmackhaft, vitaminreich, gut haltbar und mit hervorragenden Kocheigenschaften.

Was für ein Käse

Die Sumerer waren es, ein altes Kulturvolk zwischen Euphrat und Tigris, die nicht nur die Viehzucht für sich entdeckten und dabei das Melken erfanden, sondern auch die mechanische Bearbeitung von Milch und damit den Käse. Auch die alpine und subalpine Landschaft Südtirols ist die Heimat einer traditionsreichen Milchwirtschaft, die von 12 000 Bauern mit großem Einsatz erhalten wird. Tägliche Anlieferung, sorgfältige Rohstoffauswahl und verantwortungsbewusste Veredelung garantieren den vollen Genuss und dadurch ein Stück Lebensqualität – das ist bei Südtiroler Milch und Milchprodukten von ganz besonderem Stellenwert. Denn die Südtiroler Milchwirtschaft hat keine Mühen gescheut, flächendeckend die gentechnikfreie Fütterung einzuführen. Bei den Futtermitteln müssen gentechnikfreie Rohstoffe verwendet werden. Antibiotika, Hormone, tierische Abfallstoffe und minderwertige Komponenten sind bei einer artgerechten Fütterung verboten.

Südtirol ist damit nicht nur die einzige geschlossene Region Europas, sondern auch die erste, die ihre Milch und Milchprodukte als gentechnikfrei bezeichnen darf.
Die natürliche Haltung der Kühe auf etwa 1500 bewirtschafteten Almen mit besonders würzigen Kräutern und Gräsern sorgt für die hohe Qualität und den reinen, herzhaften Geschmack der **typischen Käsesorten Weinkäse Lagrein, Stilfser oder Pustertaler Bergkäse, von leichtem Mozzarella, cremig-schmackhafter Butter und delikaten Joghurtsorten.**

Wertvoll und rein

Vom fleißigen Bienchen spricht man landläufig, vom bewundernswerten Bienenfleiß bei besonders umtriebigen Mitmenschen. Auf Südtirols Bienen trifft dieses ganz besonders zu. Um ein Kilogramm des **köstlichen landestypischen Honigs** zu gewinnen, müssen die Bienen in 60 000 Ausflügen fünf Millionen Blüten aufsuchen und drei Kilogramm Nektar sammeln. Nachdem die Bienen diesen Nektar mit körpereigenen Stoffen angereichert und den süßen Seim in den Zellen der Waben eingelagert haben, kann der Imker den dort gereiften Honig vorsichtig ausschleudern. Er erhält so eines der reinsten Produkte der Natur, das nicht nur gut schmeckt, sondern auch als Schönheits- und Naturheilmittel gilt.

Südtiroler Honig enthält Trauben-, Frucht- und Mehrfachzucker, Mineralstoffe, Spurenelemente, Vitamine sowie Aminosäuren, Aroma- und Duftstoffe – aber auf keinen Fall Zusätze irgendwelcher Art. Dieses reine Naturprodukt ist in den typischen einheimischen Honigsorten Alpenrosenhonig, Mischblütenhonig und Waldhonig erhältlich.
Honig ist nicht nur ein süßer Brotaufstrich, sondern ein ausgesprochen vielseitiger Helfer in der Küche, der sich bestens zur Zubereitung verführerischer Desserts und Süßspeisen oder zur geschmacklichen Abrundung herzhafter Gerichte eignet.

Südtirols Weinwelt

Südtirol und Wein, das sind zwei Genusserlebnisse, die untrennbar miteinander verbunden sind. Das hat Tradition. Südtirol zählt zu den kleinsten Weinbaugebieten Europas und ist das älteste des deutschen Sprachraums. Fest steht: Das Klima Südtirols ist für die Weine wie geschaffen. Rund 5000 Hektar Land sind hier mit Reben bestockt. Die tiefsten Weinberge liegen auf 200 Metern u. d. M., die höchsten erreichen die 1000-Meter-Marke.

Im Norden bilden die Alpen einen schützenden Wall vor kalten Winden, von Süden her macht sich der milde mediterrane Einfluss bemerkbar.

Zu 60 Prozent werden Rotweine und zu 40 Prozent Weißweine erzeugt. Bei den Rotweinen dominiert die **Rebsorte Vernatsch**, gefolgt vom ebenfalls heimischen **Lagrein**, bei den Weißweinen die **fruchtig-frischen Burgundersorten Weißburgunder, Chardonnay** und **Pinot Grigio.** Sorgfältigste Arbeit in den Weinbergen liefert die Grundlage für die Vinifizierung der Südtiroler Weine, die heute weltbekannt und weltberühmt für ihre einzigartige Qualität sind.

Die übergeordnete Bezeichnung »Südtirol« steht – mit Ausnahme vom »Kalterer« – bei allen Weinen obligatorisch auf dem Etikett:

Südtiroler
Kalterersee
Südtirol Meraner
Südtirol St. Magdalener
Südtirol Eisacktaler
Südtirol Terlaner
Südtirol Bozner Leiten
Südtirol Vinschgau

Die kontrollierte Ursprungsbezeichnung garantiert Ursprung und charakteristische Merkmale der Weine. In Südtirol sind 98 Prozent der Rebflächen in die Weinbergrolle der D.O.C.-Bezeichnungen eingetragen.

Traubentrester aus dem Herzen der Weinkultur

Im Gefolge des Siegeszugs der *»cucina italiana«* in Deutschland kam auch der **Grappa** ins Land – als abrundendes Element niveauvoller Ess- und Trinkkultur. Nur ein in Italien (und damit auch Südtirol) destillierter Tresterbrand darf die Bezeichnung Grappa tragen. Grappa (der Name kommt von: *grappolo* = italienisch für Traube) ist ein Destillat, das aus den Schalen der abgepressten Weintrauben gewonnen wird. Ein guter Grappa setzt gute Trauben voraus, deren Schalen reich an Aromastoffen sind. Hier haben sich die Bemühungen der Südtiroler Weinwirtschaft bezahlt gemacht. Die Fortsetzung der alten Tradition in der Herstellung von Qualitäts-Destillaten sorgt für die Güte und unverwechselbare Charakteristik glasklaren Südtiroler Grappas. Es darf nur ausgesuchter Trester aus Südtirol verarbeitet werden. Der Grappa muss vollständig frei von Zusätzen und Veredelungsstoffen sein, mindestens 75 von 100 Punkten nach dem Bewertungssystem der Vereinigung der Grappaverkoster Italiens erfüllen und unterliegt stets strengen Kontrollen. Südtiroler Grappa ist somit von höchster Reinheit und Qualität, glasklar und von besonderer Art.

Suppen *und* Vorspeisen

Bandnudeln mit Specksauce

Zutaten für 4 Portionen

- 100 g Südtiroler Speck ggA
- 100 g Zwiebeln
- 50 ml Olivenöl
- 250 g Tomaten
- Salz, Pfeffer
- 1 kleines Lorbeerblatt
- 1 getr. Peperoncino
- 1 Knoblauchzehe, fein gehackt
- 1 EL Petersilie, gehackt
- 320 g Bandnudeln
- Basilikumherzen
- 4 getr. Tomatenscheiben

Speck und Zwiebeln in feine Streifen schneiden. Zwiebeln in Olivenöl anbraten, den Speck hinzugeben. Die Tomaten überbrühen und die Haut abziehen, dann würfeln und mit Salz, Pfeffer, einem Lorbeerblatt und einem kleinen getrockneten Peperoncino den Speck-Zwiebeln zufügen. Kochen lassen. Kurz vor Ende der Garzeit eine fein gehackte Knoblauchzehe sowie 1 EL gehackte Petersilie hinzufügen. Parallel grüne und weiße Bandnudeln in reichlich Salzwasser bissfest kochen, in der Sauce schwenken und mit Basilikumherzen und getrockneten Tomatenscheiben servieren.

Dazu passt Südtiroler Lagrein Rosé.

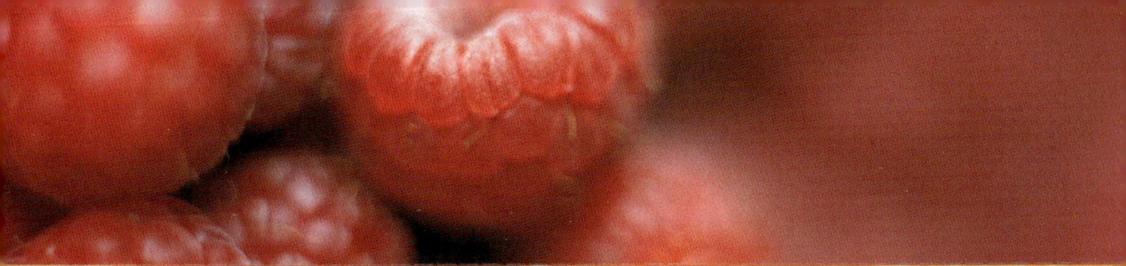
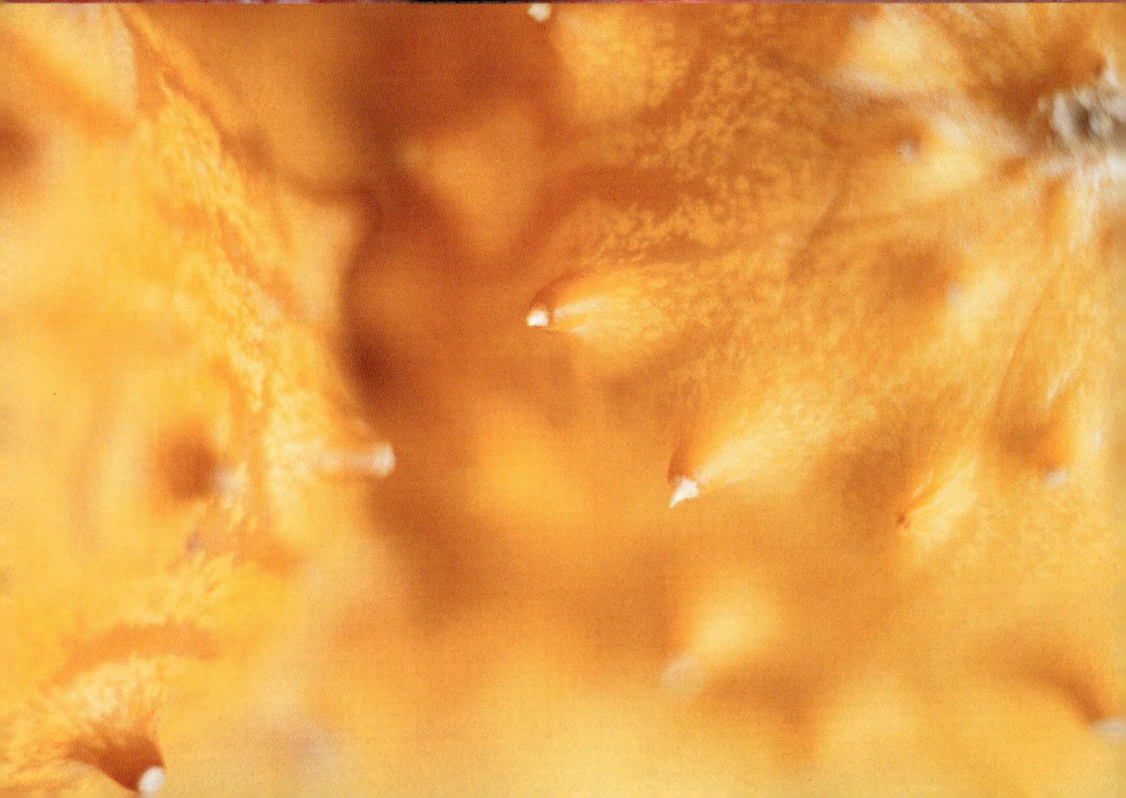

Südtiroler Schüttelbrotsalat mit Speck

Zutaten für 4 Portionen

- 1 Pflücksalat
- 1 Bund Lauchzwiebeln
- 250 g Kirschtomaten
- 100 g Südtiroler Schüttelbrot
- 150 g Südtiroler Speck ggA, in dünnen Scheiben
- 3 EL Weißweinessig
- 1 TL mittelscharfer Senf
- 1 Prise Zucker
- Salz
- weißer Pfeffer
- 4 EL Öl
- 1 Bund Thymian

Salat putzen, waschen, gut abtropfen lassen und in mundgerechte Stücke zupfen. Lauchzwiebeln putzen, waschen und in Ringe schneiden. Tomaten waschen, putzen, halbieren. Brot in mundgerechte Stücke brechen. Speck in Streifen schneiden. Für die Vinaigrette Essig, Senf, Zucker, Salz und Pfeffer verquirlen. Öl in dünnem Strahl unterrühren. Thymian waschen, trockenschütteln, etwas zum Garnieren beiseite legen. Rest fein hacken und unter die Vinaigrette rühren. Salatzutaten mischen, mit der Vinaigrette beträufeln. Mit beiseite gelegtem Thymian garnieren.

Dazu passt Südtiroler Gewürztraminer.

Grillgemüseterrine mit Schnittlauchtopfen und Speck

Zutaten für 4 Portionen

- 2 Zucchini
- ½ Melanzane (Aubergine)
- ½ Radicchio
- 1 Paprikaschote
- Pfeffer aus der Mühle
- 100 ml Olivenöl
- Salz
- 100 g Topfen (Quark)
- 1 EL Schnittlauch
- 20 Scheiben Südtiroler Speck ggA
- 2 EL Pesto

- Klarsichtfolie

Gemüse waschen und putzen, Zucchini und Melanzane in Längsscheiben, Radicchio in Stücke schneiden, Paprika vierteln. Das Gemüse mit Pfeffer aus der Mühle und Olivenöl ca. 30 Minuten marinieren. Danach salzen und auf dem vorgeheizten Grill beidseitig grillen oder in einer Grillpfanne braten.
Eine Terrinenform (ca. 600 ml Inhalt) mit Klarsichtfolie auslegen, die gegrillten Zucchini darauf legen und das übrige Gemüse einfüllen. Gut andrücken und ca. 1 Stunde ruhen lassen.
Die Terrine stürzen, in Scheiben schneiden und auf vier Teller verteilen. Topfen mit klein geschnittenem Schnittlauch vermengen und zusammen mit den Südtiroler Speckscheiben sowie etwas Pesto zur Terrine servieren.

Dazu passt ein Südtiroler Vinschgau Riesling.

Radicchioherzen mit Roastbeef

Zutaten für 4 Portionen

- 200 g Radicchio
- 150 g Käse (z. B. Lagrein Weinkäse oder Stilfser Käse)
- 1 TL Schalotten, fein gehackt
- Salz
- Pfeffer aus der Mühle
- 2 EL Himbeer- oder Weinessig
- 4 EL Olivenöl
- 24 Scheiben Roastbeef, gebraten
- 4 TL leicht geröstete Pinienkerne
- Kerbel

Radicchio putzen, äußere Blätter entfernen, Salatherzen waschen und zerpflücken. Käse in Würfel schneiden und zum Salat geben. Mit einer Marinade aus den Schalotten, Salz, Pfeffer, Essig und Olivenöl anmachen. Auf flachen Tellern anrichten und das Roastbeef rundum anlegen. Mit den Pinienkernen und dem Kerbel garnieren.

Dazu passt ein Südtiroler Grauvernatsch.

Gratinierte Kartoffel-Topfen-Rollen

Zutaten für 4 Portionen

- 30 g Zwiebeln
- 20 g Südtiroler Speck ggA
- 40 g Butter
- 200 g gekochte, geraspelte Kartoffeln
- 100 g Topfen (Quark)
- 1 TL geschnittene Petersilie
- 50 g fein geriebener Lagrein Weinkäse oder Alta Badia
- Salz
- Pfeffer aus der Mühle
- 150 g Nudelteig
- Butter zum Ausstreichen der Auflaufform
- 1/2 l Béchamelsauce
- 200 g geschälte, in Würfel geschnittene Tomaten
- 1 TL fein geschnittener Estragon
- 100 g gekochte Kartoffelscheiben
- 2 EL Kalbsjus
- 4 Estragonzweige

Zwiebeln und Speck in feine Würfel schneiden, in Butter dünsten. Die geriebenen Kartoffeln, Topfen, Petersilie und 20 g geriebenen Käse locker untermischen, mit Salz und Pfeffer würzen. Nudelteig dünn ausrollen und 8 rechteckige Blätter (6 x 10 cm) zuschneiden. In Salzwasser bissfest kochen und in kaltem Wasser auskühlen lassen, dann trocknen und auf einer glatten Fläche auslegen. Die Füllung auf die Teigblätter geben und den Teig einrollen. Eine Auflaufform mit Butter ausstreichen, etwas von der Béchamelsauce hineingeben, die Rollen darauf verteilen. Mit der restlichen Béchamelsauce überziehen, Tomatenwürfel und den restlichen Käse darüber verteilen und mit etwas zerlassener Butter beträufeln. Im vorgeheizten Backofen bei 180 °C etwa 20 Minuten backen. Kurz vor Ende der Garzeit etwas Estragon über die Rollen geben. Die Kartoffel-Topfen-Rollen auf den erwärmten Kartoffelscheiben mit etwas Kalbsjus und Estragonzweigen anrichten.

Dazu passt ein Südtiroler Lagrein Rosé.

Spargel mit Speck und Kräutersalat

Zutaten für 4 Portionen

- 12 Stangen Spargel
- 1 TL Butter
- 2 EL Weißwein, z. B. Chardonnay
- 1 Msp. Zucker
- 24 Scheiben Südtiroler Speck ggA
- 100 g Kresse
- Frisée, Lollo rosso
- Kerbel
- Petersilie etc.
- 200 g Gemüse (Karotten, Sellerie, Lauch)
- 30 ml Weißweinessig
- 50 ml Fleischbrühe
- 80 ml Sonnenblumenöl
- 1 TL Schalotten
- 1 TL Schnittlauch
- Salz
- Pfeffer aus der Mühle

Spargel schälen, holzige Enden wegschneiden, in Salzwasser mit Butter, Weißwein und Zucker ca. 18 Minuten zugedeckt kochen. Den Spargel stangenweise in je 2 Scheiben Südtiroler Speck einrollen. Für den Kräutersalat Kresse, Frisée, Lollo rosso, Kerbel und Petersilie putzen bzw. zupfen. Für das Dressing Gemüse putzen, klein schneiden und in Salzwasser garen. Weißweinessig mit Fleischbrühe vermischen und Sonnenblumenöl einrühren, bis eine homogene Masse entsteht. Fein geschnittene Schalotten, Schnittlauch sowie das Gemüse zum Essig-Öl-Gemisch hinzugeben und mit Salz und Pfeffer würzen. Den Kräutersalat auf dem Spargel anrichten und mit dem Gemüsedressing marinieren.

Dazu passen Vinschgauer Paarl und ein Südtiroler Chardonnay.

Südtiroler Graukas-Suppe

Zutaten für 4 Portionen

- 1 EL Butter
- 1 mittelgroße Zwiebel, fein gehackt
- 1 EL Mehl
- 3/4 l Fleischbrühe
- 200 g Südtiroler Graukas, fein gerieben
- Salz, Pfeffer
- 200 ml Sahne
- 1 Bund Schnittlauch

Die Butter in einem Topf schmelzen und die Zwiebeln darin weich dünsten. Das Mehl darüber stäuben und andünsten. Mit der Fleischbrühe aufgießen und aufkochen lassen. Den Graukäse unterrühren und schmelzen lassen. Mit Salz und Pfeffer würzen. Die Sahne steif schlagen. Den Schnittlauch waschen und in feine Röllchen schneiden. Die Schlagsahne und die Hälfte des Schnittlauchs unter die Suppe mischen und nochmals abschmecken.
Die Suppe auf Teller oder Tassen verteilen und mit dem restlichen Schnittlauch bestreuen.

Dazu passen Bauernbrot und ein Südtiroler Vinschgau Riesling.

Radicchiosalat mit Trauben, Speck und Nüssen

Zutaten für 4 Portionen

- 250 g weiße Trauben
- 100 g Walnüsse, geschält
- 100 g Südtiroler Speck ggA, in dünne Scheiben geschnitten
- 3 EL Rotweinessig
- 1 TL Südtiroler Honig
- Salz, Pfeffer
- 4 EL Olivenöl
- 1 mittelgroße rote Zwiebel, fein gehackt
- 1 großer Kopf Radicchio
- 1 Bund Rucola

Die Trauben waschen, halbieren und die Kerne entfernen. Die Walnüsse grob hacken. Den Speck in schmale Streifen schneiden. In einer großen Salatschüssel den Rotweinessig mit Honig, Salz und Pfeffer verrühren, bis sich das Salz ganz aufgelöst hat. Dann das Olivenöl mit dem Schneebesen unterschlagen. Die Zwiebel, die Trauben und den Speck dazugeben, alles gut mischen und 10 Minuten ziehen lassen.
Inzwischen den Radicchio putzen, waschen und in sehr schmale Streifen schneiden. Den Rucola waschen, von den Stielen zupfen und grob hacken. Radicchio und Rucola unter den Salat mischen. Auf vier Tellern anrichten.

Mit Bauernbrot, Butter und einem milden Südtiroler Terlaner servieren.

Speckknödel mit Blattsalaten

Zutaten für 4 Portionen

- 150 g schnittfestes Weißbrot (wahlweise ein entrindetes dunkleres Brot, z. B. Pusterer Breatl)
- 1/2 Zwiebel
- 20 g Butter
- 40 g Mehl
- 80 g Südtiroler Speck ggA
- 2 Eier
- 100 ml Milch
- 1 TL Petersilie oder Schnittlauch
- Salz
- 160 g Blattsalate (Eichblatt, Lollo rosso, Frisée)
- 1 rote Zwiebel
- Pfeffer aus der Mühle
- 2 EL Weißweinessig
- 4 EL Öl
- 1 EL Schnittlauch

Das Brot in kleine Würfel schneiden. Die würfelig geschnittene Zwiebel in der Butter dünsten, über das Brot geben und beides vermischen. Das Mehl und den Speck untermengen. Eier, Milch, Petersilie und Salz verrühren, über das Brot geben und alles gut vermengen. Die Masse etwa 15 Minuten ziehen lassen, 8 Knödel formen und im Salzwasser halb zugedeckt etwa 15 Minuten sieden. Inzwischen die Salate putzen, waschen und in mundgerechte Stücke zupfen. Die rote Zwiebel schälen und in Streifen schneiden. Den Salat mit Salz, Pfeffer, Weißweinessig, Öl und Schnittlauch anmachen, auf flache Teller geben und mit den gekochten Knödeln servieren.

Dazu passt ein Südtiroler Vernatsch.

Südtiroler Speck-Bratäpfel

Zutaten für 4 Portionen

- 1 EL Butter
- 1 mittelgroße Zwiebel, fein gehackt
- 2 EL Grappa
- 1 EL klein gehackte Walnüsse
- Salz, Pfeffer
- 150 g Südtiroler Speck ggA
- 4 schöne, möglichst gleich große Äpfel, z. B. Idared oder Elstar
- Fett für die Form
- 3 EL Butter

Den Backofen auf 250 °C vorheizen. Die Butter in einer Pfanne erhitzen. Die Zwiebeln darin bei milder Hitze weich dünsten, mit Grappa ablöschen und die Walnüsse untermischen. Mit Salz und Pfeffer würzen, vom Herd nehmen und abkühlen lassen. Den Südtiroler Speck in sehr kleine Würfel schneiden und untermischen. Die Äpfel waschen, dann das Kerngehäuse mit einem Apfelausstecher großzügig herauslösen. Eine Gratinform einfetten.
Die Äpfel mit der Speckmischung füllen und in die gefettete Form setzen. Die Butter als Flocken auf den Äpfeln verteilen. Im vorgeheizten Backofen auf der mittleren Schiene ca. 30 Minuten garen. Gleich heiß aus dem Ofen servieren.

Dazu Vinschger Paarl mit Butter, einen Südtiroler Müller Thurgau oder einen Südtiroler Grauvernatsch reichen.

Speck-Zwiebel-Kuchen

Zutaten für 4 Portionen

- 400 g Zwiebeln
- 1 EL Butter
- 80 g Südtiroler Speck ggA
- Salz
- Pfeffer aus der Mühle
- 1 TL Schnittlauch
- 80 ml Milch
- 80 ml Sahne
- 2 Eier
- 1 EL Lagrein Weinkäse, gerieben
- 200 g Blätterteig

- Kuchenform von 24 cm Durchmesser oder vier kleine Formen

In Streifen geschnittene Zwiebeln mit Butter in einer Pfanne weich dünsten. Speck (in Streifen geschnitten) hinzugeben. Mit Salz, Pfeffer aus der Mühle sowie Schnittlauchröllchen abschmecken. Milch und Sahne mit Eiern, geriebenem Käse, Pfeffer und Salz verrühren. Die Backform(en) mit etwas weicher Butter ausstreichen und mit dünn ausgerolltem Blätterteig auslegen. Zwiebel-Speck-Füllung darauf verteilen und mit der Eier-Sahne-Milch übergießen. Im vorgeheizten Backofen bei 180 °C ca. 20 Minuten backen.

Dazu passt ein Südtiroler St. Magdalener.

Gratinierte Champignons mit Südtiroler Speck

Zutaten für 4 Portionen

- 12 Riesenchampignons
- 1 große Zwiebel
- 1 Knoblauchzehe
- 2 EL Olivenöl
- 250 g Südtiroler Speck ggA
- 1/2 Bund glatte Petersilie
- Salz, Pfeffer
- 50 g Lagrein Weinkäse, frisch gerieben
- 200 ml Südtiroler Riesling

Die Champignons putzen, kurz abbrausen und mit Küchenpapier trockenreiben. Die Stiele der Pilze herausdrehen und fein hacken. Die Zwiebel und den Knoblauch schälen und fein hacken.
1 EL Olivenöl in einer Pfanne erhitzen. Die Zwiebel und den Knoblauch darin andünsten. Die gehackten Pilzstiele dazugeben und dünsten, bis fast alle Flüssigkeit verdampft ist. Den Backofen auf 200 °C vorheizen. Eine Gratinform mit dem restlichen Olivenöl auspinseln.
Den Südtiroler Speck in kleine Würfel schneiden. Die Petersilie waschen, abzupfen und fein hacken. Zusammen mit dem Speck unter die Pilzstiele mischen, mit Salz und Pfeffer würzen. Die Pilzköpfe mit der Mischung füllen und in die Gratinform setzen. Mit dem geriebenen Käse gleichmäßig bestreuen. Den Weißwein in die Form gießen und die Pilze im vorgeheizten Backofen 20 Minuten garen. Die Champignons auf vier Tellern anrichten, nach Belieben mit Salat garnieren.

Dazu passen Vinschger Parl mit Butter und ein Südtiroler Eisacktaler Kerner.

Speck mit Rucola und Parmesanspänen

Zutaten für 4 Portionen

- 200 g Südtiroler Speck ggA
- 2 EL Balsamico
- 4 EL Olivenöl
- Pfeffer aus der Mühle
- Salz
- 1 Bund Rucola
- 100 g Parmesankäse

Speck in dünne Scheiben schneiden. Balsamico und Olivenöl mit Pfeffer aus der Mühle und Salz zu einer Marinade verrühren. Teller mit ein wenig Olivenöl bepinseln, den geschnittenen Speck kreisförmig darauf anrichten und mit einem Bund geputztem, gewaschenem Rucola belegen. Marinade darauf träufeln und mit fein gehobeltem Parmesankäse bestreuen. Statt mit Parmesan kann man das Gericht auch einmal mit fein gehobeltem Weinkäse Lagrein probieren.

Dazu passen z. B. Schüttelbrot und Südtiroler Pinot Grigio.

Südtiroler Apfelrelish mit Entenlebercreme

Zutaten für 4 Portionen

- 500 g Entenleber
- 3 EL Butter
- 1 kleine Knoblauchzehe
- Salz, Pfeffer
- 1 TL Thymian
- 3 EL Südtiroler Grappa
- 200 g Frischkäse
- 2 EL Pinienkerne
- Saft von 1 Zitrone
- 1 TL Honig
- 3 Südtiroler Morgenduft-Äpfel
- 1 kleine Zwiebel, fein gehackt
- 1 Bund Schnittlauch

Die Entenleber kalt abspülen, mit Küchenpapier trockentupfen und in die natürlichen Hälften teilen. In einer großen Pfanne die Butter schmelzen und die Leber darin rundum gut 5 Minuten braten. Den Knoblauch schälen und darüber pressen, mit Salz, Pfeffer und Thymian würzen. Mit Grappa ablöschen und etwas abkühlen lassen.

Die Leber samt Sauce im Mixer pürieren. In einer Schüssel das Leberpüree mit dem Frischkäse gut verrühren, abschmecken und für mindestens 1 Stunde kalt stellen. Die Pinienkerne goldbraun anrösten und beiseite stellen.

In einer großen Schüssel den Zitronensaft mit Honig, Salz und Pfeffer verrühren. Die Äpfel schälen, vierteln und vom Kerngehäuse befreien. Dann in sehr kleine Würfel schneiden und mit den Zwiebeln in der Marinade mischen. Den Schnittlauch waschen, in feine Röllchen schneiden und zusammen mit den Pinienkernen unterheben. Von der Entenlebercreme mit einem Esslöffel Nocken abstechen und auf vier Tellern anrichten. Das Apfelrelish rund um die Nocken verteilen. Dazu Toast servieren.

Marinierte Forelle auf Apfelbett

Zutaten für 4 Portionen

- 2 mittelgroße, geräucherte Forellen
- Saft von 1/2 Zitrone
- 1 TL Honig
- 1 kleine Knoblauchzehe, durchgepresst
- Salz, Pfeffer
- 3 EL Apfelessig
- 3 EL Olivenöl
- 1 Bund Schnittlauch, in feinen Röllchen
- 3 Royal Gala-Äpfel

Die Forellen häuten, die Filets von den Gräten nehmen und nebeneinander auf eine Platte legen. Den Zitronensaft mit dem Honig, 2 EL Wasser, dem Knoblauch, Salz und Pfeffer verrühren und darüber gießen. Zugedeckt ca. 30 Minuten ziehen lassen. Aus Apfelessig, Olivenöl, Salz und Pfeffer eine Sauce anrühren und die Hälfte des Schnittlauchs untermischen. Die Äpfel gut waschen, trockenreiben und halbieren. Das Kerngehäuse herausschneiden. Die Äpfel auf einem Gurkenhobel in dünne Scheiben schneiden und auf vier Tellern anrichten. Sofort mit der Sauce gleichmäßig beträufeln. Die marinierten Forellenfilets darauf anrichten und mit dem restlichen Schnittlauch bestreuen.

Dazu passen Pusterer Breatl mit Kräuterbutter und ein Südtiroler Weißburgunder.

Südtiroler Speck-Omelette mit Paprikasauce

Zutaten für 4 Portionen

- 3 rote Paprikaschoten
- 1 Knoblauchzehe
- 4 EL Olivenöl
- Salz, Pfeffer
- 1 Msp. Cayennepfeffer
- 1/2 Bund Petersilie
- 150 g Südtiroler Speck ggA
- 5 Eier
- 2 EL Crème fraîche
- Muskat, frisch gerieben

Den Backofen auf 250 °C vorheizen. Die Paprikaschoten entkernen und waschen. Mit der Hautseite nach oben auf den Rost legen und im vorgeheizten Backofen ca. 20 Minuten garen, bis die Haut dunkel wird und Blasen wirft. Die Paprikaschoten häuten und den Knoblauch schälen. Beides zusammen mit 1 EL Olivenöl im Mixer fein pürieren. Die Paprikasauce mit Salz, Pfeffer und Cayennepfeffer würzen. Die Petersilie waschen, abzupfen und fein hacken, unter die Sauce rühren und diese kalt stellen.
Den Südtiroler Speck in kleine Würfel schneiden. Die Eier in eine Schüssel schlagen und mit der Crème fraîche verquirlen. Die Speckwürfel unterrühren und mit wenig Salz, Pfeffer und Muskat würzen. In einer beschichteten Pfanne das restliche Olivenöl erhitzen. Die Eiermasse hineingießen und bei milder Hitze stocken lassen. Dann auf einen Teller gleiten lassen, umgedreht wieder in die Pfanne geben und fertig braten.
Das Omelette auf eine Platte geben und in 8 Stücke schneiden. Auf vier Tellern jeweils 2 Stücke mit der Paprikasauce anrichten und mit etwas Petersilie garnieren.

Dazu passen gemischter Blattsalat und Südtiroler Bauernbrot mit Butter; als Getränk ein milder Südtiroler Eisacktaler Sylvaner oder ein Südtiroler Malvasier.

Linsensuppe mit Apfel und Speckwürfeln

Zutaten für 4 Portionen

- 1 Apfel, z. B. Elstar
- 1 mittelgroße Kartoffel, mehlig kochend
- 2 EL Butter
- 1 mittelgroße Zwiebel, fein gehackt
- 1 Knoblauchzehe, fein gehackt
- 200 g Berglinsen
- 1 l Fleischbrühe
- 250 ml Weißburgunder
- 150 g Südtiroler Speck ggA
- 1 Bund Schnittlauch
- 1 EL Crème fraîche
- Salz, Pfeffer
- 1 Spritzer Zitronensaft

Den Apfel schälen, vierteln und das Kerngehäuse entfernen. Die Kartoffel schälen, waschen und mit dem Apfel grob zerschneiden. In einem Topf die Butter schmelzen. Zwiebel, Knoblauch, Apfel und Kartoffel darin kurz andünsten. Die Berglinsen dazu geben, mit der Fleischbrühe aufgießen, aufkochen und zugedeckt 30 Minuten köcheln. Dann den Weißwein unterrühren und weitere 15 Minuten köcheln lassen. Inzwischen den Speck in kleine Würfel schneiden. Den Schnittlauch waschen und in feine Röllchen schneiden. Die Suppe mit dem Mixstab fein pürieren, die Crème fraîche unterrühren und mit Salz, Pfeffer und Zitronensaft abschmecken. Speckwürfel und Schnittlauch bis auf jeweils einen Esslöffel unter die Suppe mischen und die Suppe in Tassen oder Teller füllen. Mit dem übrigen Schnittlauch und Speckwürfeln bestreuen.

Dazu passt Pusterer Breatl und frischer Südtiroler Sauvignon.

Südtiroler Speckmousse auf Feldsalat

Zutaten für 4 Portionen

- 250 g Südtiroler Speck ggA
- 200 g Frischkäse
- 1 Knoblauchzehe
- Salz, Pfeffer
- 1 Bund Schnittlauch
- 100 g Feldsalat
- 2 EL Balsamico
- 1 TL Honig
- 3 EL Olivenöl
- 1 kleine Zwiebel, fein gehackt

Den Südtiroler Speck in sehr kleine Würfel schneiden und mit dem Frischkäse in eine Schüssel füllen. Den Knoblauch schälen und dazupressen, mit Salz und Pfeffer würzen und alles gut mischen. Den Schnittlauch waschen, in sehr feine Röllchen schneiden und unter die Creme mischen. Die Speckmousse mindestens 1 Stunde kalt stellen.
Vor dem Servieren den Feldsalat putzen, waschen und abtropfen lassen. In einer Salatschüssel den Balsamico mit Honig, Salz, Pfeffer und Olivenöl mit einem Schneebesen zu einer cremigen Marinade aufschlagen. Die Zwiebeln mit dem Feldsalat darin wenden und alles auf vier Tellern verteilen. Von der Südtiroler Speckmousse mit einem Esslöffel Nocken abstechen und neben dem Feldsalat anrichten.

Dazu passen Vinschger Paarl und ein kräftiger Südtiroler Pinot Grigio.

Hauptspeisen *und* kleine Gerichte

Entenbrust mit Honigsauce

Zutaten für 4 Portionen

- 2 Entenbrüste à 140 g
- Salz
- Pfeffer aus der Mühle
- 2 EL Öl
- 1 EL Blütenhönig
- 200 ml Geflügelfond
- 1 EL kalte Butter

Entenbrüste von Sehnen befreien, überschüssiges wegschneiden. Salzen, pfeffern und in einer heißen Pfanne mit wenig Öl zuerst auf der Hautseite knusprig braun und dann auf der anderen Seite etwas kürzer braten. Aus der Pfanne nehmen und mit etwas Honig bestreichen.

Im vorgeheizten Backofen bei 180 °C ca. 10 Minuten fertig braten. Vor dem Servieren ca. 3 Minuten in Alufolie eingewickelt ruhen lassen. Inzwischen 1 EL Honig in die Pfanne, in der die Ente angebraten wurde, geben und mit Geflügelfond aufgießen. Mit kalter Butter aufmontieren, abschmecken. Die Entenbrüste in Scheiben schneiden und mit der Honigsauce servieren.

Dazu passen Kartoffelgratin und ein Südtiroler Lagrein Rosé.

Hirschmedaillons mit Walnuss-Kräutern und Grappasauce

Zutaten für 4 Portionen

- 600 g Hirschfilet
- Salz
- Pfeffer aus der Mühle
- 2 EL Öl
- 30 g Butter
- 10 ml Südtiroler Grappa
- 1/4 l Wildfond
- 50 g Walnüsse
- 1 TL Thymian
- 1 TL Petersilie
- 5 Wacholderbeeren

Geputztes Hirschfilet in 8 Medaillons schneiden, leicht klopfen, mit Salz und Pfeffer würzen. In einer heißen Pfanne mit Öl auf beiden Seiten 3–4 Minuten braten, aus der Pfanne nehmen und warm stellen. Butter in den Bratensatz geben, mit Grappa ablöschen, Wildfond aufgießen und alles aufkochen lassen. Die gebratenen Medaillons mit einer Mischung aus 50 g gehackten Walnüssen und fein geschnittenen/gehackten Kräutern (Thymian, Petersilie, Wacholderbeeren) bestreuen und mit der Sauce servieren.

Dazu passen z. B. Selleriepüree, glasierte Kastanien, Trauben, Pilze und feine Streifen vom Südtiroler Speck; als Getränk ein Südtiroler Lagrein.

Involtini mit Südtiroler Speck und grünem Pfeffer

Zutaten für 4 Portionen

- 4 dünne Schweineschnitzel à 120 g
- 1 Döschen eingelegter, grüner Pfeffer (Abtropfgewicht 30 g)
- 4 Scheiben Südtiroler Speck ggA (ca. 120 g)
- 2 EL Öl
- 750 g Broccoli
- 300 g Bandnudeln
- 20 g Mehl
- 200 ml Rotwein, z. B. St. Magdalener
- 300 ml Gemüsebrühe (Instant)
- Salz
- weißer Pfeffer
- 1/2 Bund Majoran
- 50 g Butter

- Zahnstocher

Schnitzel eventuell etwas flacher klopfen, waschen, trockentupfen. Pfeffer abtropfen lassen. Fleisch mit Speckscheiben belegen, Pfeffer darauf verteilen. Aufrollen und mit Zahnstochern feststecken. Öl in einer Pfanne erhitzen und die Involtini unter Wenden ca. 10 Minuten braten. Broccoli in kleine Röschen teilen, waschen und in kochendem Salzwasser 8–10 Minuten garen. Nudeln in reichlich Salzwasser ca. 7 Minuten kochen. Involtini aus der Pfanne nehmen und warm stellen. Im Bratfett Mehl unter Rühren anschwitzen. Nach und nach Rotwein und Brühe zugießen, 5 Minuten köcheln lassen, mit Salz und Pfeffer abschmecken. Nudeln und Broccoli abgießen, abtropfen lassen. Majoran waschen, trockenschütteln, Blätter abzupfen. Butter zerlassen, Majoran, Nudeln und Broccoli zugeben und darin schwenken. Mit Salz und Pfeffer abschmecken. Involtini mit Sauce und Broccoli-Nudeln servieren.

Dazu passt ein Südtiroler St. Magdalener.

Gemüse-Lasagne mit Südtiroler Speck

Zutaten für 4 Portionen

- 250 g Lauch
- 250 g Spinat
- 250 g Zucchini
- 250 g Möhren
- 1 EL Olivenöl
- 2 Knoblauchzehen
- Salz
- Pfeffer
- 250 g Ricotta oder Magerquark
- 1 Ei
- 2 TL frischer Oregano

Für die Béchamelsauce:

- 100 g Südtiroler Speck ggA
- 2 EL Butter
- 1 gehäufter EL Mehl
- 1/2 l Milch
- 200 g Stilfser Bergkäse, frisch gerieben
- Muskat, frisch gerieben
- 1 TL Zitronensaft
- Fett für die Form
- 250 g weiße Lasagneblätter ohne Vorkochen

Den Lauch putzen, waschen und in Ringe schneiden. Den Spinat putzen und waschen. Erst den Lauch in kochendem Salzwasser 1 Minute, dann den Spinat ganz kurz blanchieren. Beide Gemüsesorten eiskalt abschrecken, gut ausdrücken und grob hacken. Die Zucchini putzen und waschen. Die Möhren schälen. Beide Gemüsesorten grob raspeln und in heißem Olivenöl 5 Minuten dünsten. Den Knoblauch schälen, dazupressen und unterrühren, mit Salz und Pfeffer würzen. Die Pfanne vom Herd nehmen und das Gemüse abkühlen lassen. Ricotta und Ei in einer großen Schüssel verrühren. Das gesamte Gemüse dazugeben und untermischen. Mit Salz, Pfeffer und Oregano würzen. Den Backofen auf 200 °C vorheizen. Den Speck in kleine Würfel schneiden. Die Butter in einem Topf schmelzen, das Mehl dazugeben und unter Rühren goldgelb andünsten. Mit der Milch aufgießen, aufkochen und 10 Minuten köcheln lassen. Von dem geriebenen Käse 150 g unterrühren, bis er sich ganz aufgelöst hat. Mit Salz, Pfeffer, Muskat und Zitronensaft würzen und zum Schluss die Speckwürfel dazugeben. Eine Auflaufform einfetten. Zuerst etwas Sauce auf dem Boden verteilen. Dann die Lasagneblätter abwechselnd mit der Gemüsemischung einschichten. Auf jeder Schicht etwas Sauce verteilen. Die oberste Schicht sollte Sauce sein. Zum Schluss den restlichen Käse darüber streuen. Die Lasagne im vorgeheizten Backofen auf der mittleren Schiene etwa 40 Minuten backen.

Dazu passen ein kräftiger Südtiroler Gewürztraminer oder ein Lagrein Kretzer mit guter Säurestruktur.

2002

Nudelauflauf mit Südtiroler Käse-Béchamel

Zutaten für 4 Portionen

- 300 g Tortiglioni-Nudeln
- je 1 rote und orange Paprikaschote à 200 g
- 1 Zucchini (ca. 200 g)
- 75 g Südtiroler Schüttelbrot
- 1/2 Bund Basilikum
- 150 g frisch geriebener Lagrein Weinkäse
- 1 EL Olivenöl
- 50 g Butter
- 30 g Mehl
- 300 ml Gemüsebrühe (Instant)
- 150 ml Sahne
- Salz
- schwarzer Pfeffer
- Fett für die Form

Nudeln in kochendem Salzwasser ca. 10 Minuten garen. Paprika putzen, waschen und in Würfel schneiden. Zucchini waschen, putzen, längs halbieren und in Scheiben schneiden. Schüttelbrot in kleine Stücke brechen. Basilikum waschen, trockenschütteln, in feine Streifen schneiden. Brot, Basilikum, die Hälfte des Käses und Öl vermischen. Nudeln abgießen, abtropfen lassen. Nudeln und Gemüse mischen, in eine gefettete Auflaufform (2 l Inhalt) geben. Butter schmelzen, Mehl darüber stäuben und unter Rühren anschwitzen. Brühe und Sahne nach und nach zugießen. 5 Minuten köcheln lassen. Die zweite Hälfte des Käses nach und nach unterrühren. Mit Salz und Pfeffer abschmecken. Sauce über den Auflauf gießen. Mit der Brotmischung bestreuen. Im vorgeheizten Backofen bei 200 °C ca. 30 Minuten backen.

Reichen Sie zu diesem Gericht einen Südtiroler Merlot.

Spanferkelkarree auf gedünstetem Weißkraut mit Apfelspalten und Pfifferlingen

Zutaten für 4 Portionen

- 20 g Zwiebeln
- 50 g Südtiroler Speck ggA, in Würfel geschnitten
- 40 g Butter
- 100 g Pfifferlinge
- 400 g Weißkraut
- ca. 100 ml Fleisch- oder Gemüsebrühe
- 800 g Spanferkelkarree
- Salz und Pfeffer
- 2 EL Samenöl
- 4 Rosmarinzweige
- 4 Thymianzweige
- 2 Südtiroler Äpfel, z. B. Braeburn
- 1 EL Zucker
- 100 ml Weißwein, z. B. Weißburgunder
- 1/4 l Lammfond

Die Zwiebel in feine Würfel schneiden und mit den Speckwürfeln in der Butter dünsten. Pfifferlinge putzen, zerkleinern, zu den Zwiebeln geben und kurz mitrösten. Weißkraut in Streifen schneiden und ca. 15 Minuten in der Fleisch- oder Gemüsebrühe dünsten. Spanferkelkarree mit Salz und Pfeffer würzen, in einer Pfanne mit etwas Öl anbraten. Im auf 180 °C vorgeheizten Backofen zusammen mit den Rosmarin- und Thymianzweigen in ca. 15 Minuten fertig garen. Die Äpfel schälen, vom Kerngehäuse befreien und in Spalten schneiden. Zucker karamellisieren, mit Weißwein ablöschen, die Apfelscheiben einlegen und weich dünsten. Das Karree auf dem Weißkraut mit den Apfelspalten, den gerösteten Pfifferlingen sowie etwas Lammfond servieren.

Dazu passt ein Südtiroler Blauburgunder.

Blätterteigtaschen mit Käse-Apfelfüllung

Zutaten für 4 Portionen
als Snack für Zwischendurch

- 300 g Blätterteig
- 250 g Lagrein Weinkäse
- 2 Äpfel, z. B. Braeburn
- Mehl für die Arbeitsfläche
- Salz, Pfeffer
- 1 Eigelb
- 2 EL Sahne
- 4 EL gehobelte Mandeln

- Backpapier für das Blech

Den Blätterteig auftauen lassen. Inzwischen den Käse entrinden und in möglichst dünne Scheiben schneiden. Die Äpfel vierteln, vom Kerngehäuse befreien und in dünne Scheiben schneiden oder hobeln. Die Teigplatten aufeinander legen und auf einer bemehlten Arbeitsfläche dünn ausrollen. 4 Kreise von ca. 15 cm Durchmesser ausschneiden und nebeneinander auf ein ausgelegtes Backblech setzen. Den Backofen auf 180 °C vorheizen. Jeweils eine Lage Äpfel, dann eine Lage Käse und wieder Äpfel in der Mitte der Teigkreise verteilen, dabei mit Salz und Pfeffer würzen. Den Teig über der Füllung zusammenschlagen und die Nahtstellen mit einer Gabel fest zusammendrücken. Das Eigelb mit der Sahne verquirlen und die Teigtaschen damit bestreichen. Im vorgeheizten Backofen auf der mittleren Schiene ca. 20–25 Minuten backen. Die Käse-Apfeltaschen mit gerösteten Mandelblättchen garnieren und frisch servieren.
Die Blätterteigtaschen schmecken auch kalt sehr gut.

Dazu passen gemischter Blattsalat und ein kräftiger Chardonnay aus Südtirol.

Gefüllte Kalbsschnitzel auf Apfelkraut

Zutaten für 4 Portionen

- 2 Südtiroler Äpfel, z. B. Golden Delicious
- 1 mittelgroße Zwiebel, fein gehackt
- 1 Knoblauchzehe, fein gehackt
- 3 EL Öl
- 500 g Sauerkraut
- 1 Lorbeerblatt
- einige Wacholderbeeren
- 250 ml trockener Weißwein, z. B. Weißburgunder
- 4 dünne Kalbsschnitzel à 100 g
- Salz, Pfeffer
- 4 Scheiben Südtiroler Speck ggA
- 4 Scheiben Lagrein Weinkäse
- 2 EL Olivenöl

Die Äpfel schälen, vierteln, vom Kerngehäuse befreien und in Scheiben schneiden. Zusammen mit der Zwiebel und dem Knoblauch in einem Topf mit heißem Öl andünsten. Das Sauerkraut mit dem Lorbeerblatt und dem Wacholder dazugeben und kurz andünsten. Mit dem Weißwein ablöschen und zugedeckt bei milder Hitze 45 Minuten garen.
Die Kalbsschnitzel auf eine Arbeitsfläche legen und mit einem Messer flach drücken. Mit Salz und Pfeffer würzen. Erst jeweils eine Scheibe Speck, dann ein Scheibe Käse darauf legen. Die Kalbsschnitzel in der Mitte zusammenklappen und mit Holzzahnstochern zustecken, so dass gefüllte Taschen entstehen.
Das Olivenöl in einer großen Pfanne erhitzen und die gefüllten Schnitzel beidseitig kräftig anbraten. Zugedeckt bei mittlerer Hitze ca. 10 Minuten gar ziehen lassen. Das Sauerkraut abschmecken. Dann auf vier vorgewärmte Teller verteilen und die gefüllten Kalbsschnitzel darauf anrichten. Dazu passt Kartoffelpüree.

Weinempfehlung: Südtiroler Gewürztraminer oder Kalterersee Auslese.

Südtiroler Honig-Kräuter-Poularde

Zutaten für 4 Portionen

- 1 Poularde von ca. 1, 5 kg (vom Geflügelhändler in 8 Portionsstücke teilen lassen)
- Salz, Pfeffer
- 150 g Butter
- 150 g Blütenhonig
- 1 Knoblauchzehe
- Saft von 1 Zitrone
- je 1 TL getrockneter Oregano und Thymian
- 250 ml Geflügelbrühe
- 100 g getrocknete Kastanien, über Nacht eingeweicht
- 2 EL Saucenbinder

Den Backofen auf 180 °C vorheizen. Die Poulardenteile kalt abspülen und mit Küchenpapier abtrocknen. Rundum mit Salz und Pfeffer einreiben. Die Butter in einem kleinen Topf schmelzen und den Honig unterrühren. Den Topf vom Herd nehmen. Den Knoblauch schälen und durch die Knoblauchpresse dazupressen. Den Zitronensaft, den Oregano und den Thymian unterrühren.

Einen Bräter einfetten. Die Poulardenteile rundum mit der Honigmischung einpinseln. Dann nebeneinander in den Bräter legen und im vorgeheizten Backofen auf mittlerer Schiene 15 Minuten braten. Die Temperatur auf 150 °C zurückschalten. Die Geflügelbrühe dazugießen und weitere 45 Minuten garen, dabei immer wieder einpinseln. Die Temperatur 10 Minuten vor Ende der Garzeit noch einmal auf 210 °C hochdrehen, damit die Poularde knusprig braun wird. Die Poulardenteile herausnehmen und warm stellen. Die Sauce in eine Kasserolle gießen, die Kastanien und den Saucenbinder hinzugeben und zur gewünschten Konsistenz einkochen lassen. Abschmecken und mit der Poularde anrichten. Dazu passen kleine, im Ganzen gebratene Kartoffeln.

Entscheiden Sie sich zwischen einem kräftigen Südtiroler Chardonnay (evtl. mit dezentem Barriqueeinsatz) oder einem eleganten, frischen Südtiroler Vinschgau Blauburgunder.

Pasta mit Trauben-Käsesauce

Zutaten für 4 Portionen

- 4 Frühlingszwiebeln
- 2 EL Butter
- 50 ml Südtiroler Weißburgunder
- 200 ml Sahne
- 150 g Lagreiner Weinkäse, fein gerieben
- 400 g Pasta (z. B. Riccioli, Penne oder Conchiglie)
- 150 g weiße und blaue Trauben
- Salz, Pfeffer
- 1 Prise Muskat

Die Frühlingszwiebeln putzen, waschen und in schmale Ringe schneiden. In einer Kasserolle in Butter andünsten. Mit Weißwein ablöschen, mit Sahne aufgießen und aufkochen. Den Lagrein Käse dazugeben und bei milder Hitze schmelzen lassen. Inzwischen die Pasta in Salzwasser knapp 10 Minuten »al dente« kochen.

Die Trauben überbrühen und kalt abschrecken. Dann häuten, halbieren und die Kerne entfernen. Die Sauce mit Salz, Pfeffer und Muskat würzen. Die Trauben dazugeben und kurz in der Sauce erwärmen. Die Pasta gut abtropfen lassen, mit der Sauce mischen und anrichten.

Dazu passt ein kräftiger, frischer Südtiroler Pinot Grigio.

Rehmedaillons mit Apfel-Balsamico-Sauce

Zutaten für 4 Portionen

- 4 EL Butter
- 2 Schalotten, fein gehackt
- 1 kleine Knoblauchzehe, fein gehackt
- 500 g Äpfel, geschält, z. B. Braeburn
- 250 ml Apfelsaft
- 2 EL Balsamico
- 1 Prise Muskat, frisch gerieben
- 1 Prise Zimt, gemahlen
- Salz, Pfeffer
- 2 EL Crème fraîche
- 12 Rehmedaillons à 50 g
- 1 EL Öl

2 EL Butter in einer Kasserolle erhitzen, die Schalotten mit der Knoblauchzehe darin bei schwacher Hitze andünsten. Die Äpfel vom Kerngehäuse befreien, in grobe Stücke schneiden und dazugeben. Zusammen 5 Minuten dünsten, mit dem Apfelsaft ablöschen und den Balsamico unterrühren. Mit Muskat, Zimt, Salz und Pfeffer würzen und zugedeckt in etwa 20 Minuten weich dünsten. Die Crème fraîche unterrühren und anschließend alles mit dem Mixstab fein pürieren. Die Apfelsauce abschmecken, falls nötig nachwürzen und warm stellen.
Die Rehmedaillons in einer Mischung aus 2 EL Butter und 1 EL Öl auf jeder Seite je nach Dicke der Filets ca. 3–4 Minuten braten und mit der Apfelsauce anrichten. Dazu passen schmale Bandnudeln.

Weinempfehlung: Ein kräftiger Südtiroler Blauburgunder (mindestens Riserva-Qualität) oder ein Cuvée Südtiroler Lagrein-Merlot.

Gratiniertes Lachsfilet auf Champignons

Zutaten für 4 Portionen

- 4 Portionen Lachsfilet à 180 g
- 2 EL Zitronensaft
- Salz, Pfeffer
- 1 Zwiebel
- 500 g Champignons
- 2 EL Butter
- 50 ml Weißwein, z. B. Südtiroler Riesling
- 150 ml Sahne
- 1 Zweig Thymian
- 50 g Brösel vom Südtiroler Schüttelbrot
- 100 g Stilfser Bergkäse, frisch gerieben
- Fett für die Form

Die Fischfilets kalt abspülen, trockentupfen und auf eine Platte legen. Mit Zitronensaft beträufeln, mit Salz und Pfeffer würzen. Zugedeckt bis zum Weiterverarbeiten kalt stellen. Die Zwiebel schälen und fein hacken. Die Champignons putzen, abbrausen und in dünne Scheiben schneiden. In einer großen Pfanne 2 EL Butter erhitzen und die Zwiebeln darin glasig dünsten. Die Pilze dazugeben und dünsten, bis fast alle Flüssigkeit verdampft ist.
Mit dem Weißwein ablöschen, mit der Sahne aufgießen und mit Salz und Pfeffer würzen. Den Thymian abbrausen, abzupfen und unter die Pilze rühren. Den Backofen auf 200 °C vorheizen. Die Brösel und den Stilfser Bergkäse mischen und leicht mit Pfeffer würzen. Eine große Gratinform einfetten und die Champignons darin verteilen. Die Lachsfilets nebeneinander darauf legen und mit der Brösel-Käse-Mischung gleichmäßig bestreuen. Im vorgeheizten Backofen (Mitte) etwa 20 Minuten überbacken, bis der Käse geschmolzen und die Oberfläche goldbraun geworden ist.

Dazu passen gemischter Blattsalat, ein duftiger Südtiroler Sauvignon oder ein kräftiger Südtiroler Pinot Grigio.

Kalbsnuss aus dem Ofen mit Gewürztraminer

Zutaten für 4 Portionen

- 750 g Kalbfleisch aus der Nuss
- 150 g Südtiroler Speck ggA am Stück
- 2 Äpfel, z. B. Südtiroler Elstar
- 250 g Möhren
- 250 g Schalotten
- 3 Knoblauchzehen
- 2 EL Olivenöl
- 1 EL Butter
- Salz, Pfeffer
- 1 Lorbeerblatt
- 1 Zweig Thymian
- 1/2 l Südtiroler Gewürztraminer
- 150 ml Sahne

Das Kalbfleisch in mundgerechte Stücke schneiden. Den Speck in kleine Würfel schneiden. Die Äpfel schälen, vierteln und vom Kerngehäuse befreien. Die Möhren schälen und schräg in dickere Scheiben schneiden. Schalotten und Knoblauch schälen, die Schalotten vierteln.

Den Backofen auf 180 °C vorheizen. Das Olivenöl und die Butter in einem Bräter erhitzen. Das Fleisch darin portionsweise kräftig anbraten, dann das Gemüse dazugeben, 5 Minuten andünsten und mit Salz und Pfeffer würzen. Den Speck, das Lorbeerblatt und den Thymian hinzufügen. Mit dem Gewürztraminer aufgießen und im vorgeheizten Backofen auf mittlerer Schiene 45 Minuten garen. Das Fleisch und das Gemüse mit einem Schaumlöffel herausnehmen, dabei auch den Thymian und das Lorbeerblatt entfernen.

Die Sauce durch ein Sieb in einen Topf gießen, die Sahne unterrühren und die Sauce zur gewünschten Konsistenz einkochen lassen. Mit Salz und Pfeffer abschmecken.

Dazu passen feine Bandnudeln und ein kräftiger, mit guter Säurestruktur versehener Gewürztraminer oder ein milder Südtiroler Lagrein Riserva.

Reisküchlein mit Südtiroler Specksauce

Zutaten für 4 Portionen

- 2 mittelgroße Zwiebeln, fein gehackt
- 1 Knoblauchzehe, fein gehackt
- 4 EL Olivenöl
- 300 g Rundkornreis (Vialone oder Arborio)
- knapp 1 l heiße Fleischbrühe
- Salz, Pfeffer
- 500 g Fleischtomaten
- 150 g Südtiroler Speck ggA
- 1 Bund Petersilie
- 1 Bund Basilikum
- 50 g Lagrein Weinkäse, frisch gerieben
- 3 Eier

1 gehackte Zwiebel und den Knoblauch in einem breiten Topf in 1 EL Olivenöl glasig dünsten. Den Reis in den Topf geben und umrühren, bis alle Körnchen mit Öl bedeckt sind. Nach und nach immer soviel Fleischbrühe dazugießen, wie der Reis aufsaugen kann. Den Reis in ca. 25 Minuten garen, mit Salz und Pfeffer würzen und ganz abkühlen lassen.
Für die Sauce inzwischen die Tomaten überbrühen, entkernen, häuten und in kleine Würfel schneiden. In einer Pfanne in 1 EL Olivenöl die zweite Zwiebel glasig dünsten. Dann die Tomaten untermischen und bei milder Hitze etwa 10 Minuten schmoren.
Den Südtiroler Speck von der Schwarte befreien und in feine Streifen schneiden. Die Petersilie und das Basilikum waschen, abzupfen und fein hacken. Die Hälfte der Petersilie in die Tomatensauce rühren, die andere Hälfte zusammen mit dem Basilikum, dem Speck, dem Käse und den Eiern unter den Reis mischen.
Das übrige Olivenöl in einer breiten Pfanne erhitzen. Von der Reismasse jeweils etwa 3 EL abnehmen und flache Küchlein daraus formen. In heißem Olivenöl beidseitig goldbraun braten.
Die Tomatensauce mit Pfeffer und wenig Salz würzen und auf vier Tellern verteilen. Die Reisküchlein darauf anrichten.

Dazu passen ein gemischter grüner Salat und ein eleganter Südtiroler Terlaner Riesling.

Rindfleisch-Bällchen mit Käsefüllung auf Zucchinisauce

Zutaten für 4 Portionen

Sauce:
- 300 g Zucchini
- 1 Knoblauchzehe
- 1 EL Butter
- 100 ml trockener Südtiroler Weißwein, z. B. Sauvignon
- 100 ml Gemüsebrühe
- 50 ml Sahne
- Salz, Pfeffer

Rindfleisch-Bällchen:
- 150 g Südtiroler Schüttelbrot
- 8 EL Sahne
- 1 Zwiebel
- 600 g Rinderhackfleisch
- 3 Eier
- Salz, Pfeffer
- 1 Prise Nelkenpulver
- 100 g Dolomitenkönig-Käse
- 5 EL Olivenöl

Die Zucchini waschen, putzen und auf der Gemüsereibe grob raspeln. Den Knoblauch schälen und fein hacken. Die Butter in einer Kasserolle schmelzen und den Knoblauch darin andünsten, dann die Zucchini dazugeben und andünsten. Mit dem Weißwein ablöschen. Die Gemüsebrühe und die Sahne dazugeben und 10 Minuten köcheln lassen. Dann mit dem Mixstab pürieren, mit Salz und Pfeffer würzen und warm halten.

Für die Rindfleischbällchen das Schüttelbrot klein brechen und – am besten in einem Mörser – klein mahlen. Mit der Sahne und etwa 125 ml Wasser in eine Schüssel geben, verrühren und etwa 5 Minuten quellen lassen. Die Zwiebel schälen und fein hacken. Mit dem Hackfleisch und den Eiern zum Schüttelbrot geben und alles gut mischen. Die Masse kräftig mit Salz, Pfeffer und Nelkenpulver würzen. Den Käse in sehr kleine Würfel schneiden. Aus der Fleischmasse etwa 20 Bällchen formen und jeweils in die Mitte der Bällchen die Käsewürfel geben. Das Öl in einer breiten Pfanne erhitzen und die Fleischbällchen bei mittlerer Hitze darin rundum braten. Die Sauce auf vier vorgewärmte Teller verteilen und die gefüllten Fleischbällchen darauf anrichten.

Dazu passen schmale Bandnudeln und ein samtiger Südtiroler Lagrein Riserva.

Vinschgauer Käseauflauf mit Kräutern

Zutaten für 4 Portionen

- 500 g Vinschger Paarl
- 3 EL Butter
- Salz, Pfeffer
- 1 Prise Paprika edelsüß
- 300 ml Gemüsebrühe
- 2 Zwiebeln
- 1 Bund Petersilie
- 1 Bund Schnittlauch
- 200 ml Milch
- 4 Eier
- 1 Prise Muskat, frisch gerieben
- 200 g Käse, z. B. Dolomitenkönig, frisch gerieben

Die Vinschger Paarl in etwa 1 cm große Würfel schneiden. Eine Auflaufform mit 1 EL Butter einfetten. Die Brotwürfel darin verteilen. Mit Salz, Pfeffer und Paprika würzen. Den Backofen auf 200 °C vorheizen. Die Gemüsebrühe gleichmäßig auf die Brotwürfel träufeln, damit sie sich gut voll saugen können. Die Zwiebel schälen und fein hacken. Die restliche Butter in einer Pfanne erhitzen und die Zwiebeln darin glasig dünsten, aber nicht bräunen. Die Petersilie und den Schnittlauch waschen. Die Petersilie abzupfen und fein hacken, den Schnittlauch in Röllchen schneiden. Die Kräuter zu den Zwiebeln geben und kurz mitdünsten. Dann unter die Brotwürfel mischen. Die Milch mit den Eiern verquirlen, mit Salz, Pfeffer und Muskat würzen. Den geriebenen Käse unterrühren und die Eiermilch gleichmäßig über die Brotwürfel gießen. Den Auflauf im vorgeheizten Backofen auf mittlerer Schiene 30 Minuten backen.

Dazu passen Eisbergsalat und Radicchio mit Essig-Öl-Dressing und ein leichter Rotwein, z. B. St. Magdalener.

Gefüllte Filetsteaks mit Apfelmeerrettich

Zutaten für 4 Portionen

- 2 kleinere Äpfel, z. B. Elstar
- 2 EL Zitronensaft
- 100 g frischer Meerrettich
- 100 ml Sahne
- Salz, Pfeffer
- 50 g Stilfser Bergkäse
- 1/2 Bund Schnittlauch
- 4 Filetsteaks à 180 g
- 2 EL Olivenöl

Die Äpfel schälen, vierteln, vom Kerngehäuse befreien und fein raspeln, mit dem Zitronensaft mischen. Den Meerrettich schälen, reiben und unter die Äpfel mischen. Die Sahne schlagen und unterheben. Mit Salz und Pfeffer würzen und kalt stellen. Den Käse reiben, den Schnittlauch waschen und in Röllchen schneiden. In die Steaks mit einem scharfen Messer jeweils eine Tasche einschneiden. Den Käse mit dem Schnittlauch mischen, in die Steaks füllen und diese mit Zahnstochern zusammenstecken. In einer Pfanne das Olivenöl erhitzen und die Steaks auf jeder Seite ca. 5 Minuten braten, salzen, pfeffern und zusammen mit dem Apfelmeerrettich auf vorgewärmten Tellern anrichten.

Dazu passen gebratener Radicchio und ein Südtiroler Magdalener, welcher Milde mit guter Säurestruktur vereint.

Marinierte Schweinelende mit Apfel-Zwiebelsauce

Zutaten für 4–6 Portionen

- 2 Knoblauchzehen
- 5 EL Olivenöl
- 2 TL Fenchelsamen, gemahlen
- Salz, Pfeffer
- 1,2 kg Schweinelende
- 2 mittelgroße Zwiebeln
- 250 ml trockener Weißburgunder
- 250 ml Fleischbrühe
- 2 Äpfel, z. B. Granny Smith
- 100 ml Sahne

Den Knoblauch schälen und in eine kleine Schüssel pressen. 3 EL Olivenöl, den Fenchelsamen, Salz und Pfeffer dazugeben und verrühren. Das Fleisch mit der Würzmischung rundum einpinseln und zugedeckt 1 Stunde im Kühlschrank ziehen lassen. Den Backofen auf 220 °C vorheizen. Die Zwiebeln schälen und vierteln. Das restliche Olivenöl in einem Bräter erhitzen und die Schweinelende darin rundum kräftig anbraten. Die Zwiebeln dazugeben und hellbraun braten. Mit Weißwein ablöschen und etwas einkochen lassen. Die Fleischbrühe dazugießen und alles zugedeckt in den vorgeheizten Backofen (Mitte) stellen. Die Hitze auf 180 °C reduzieren und die Schweinelende 50 Minuten schmoren. Die Äpfel schälen, achteln und vom Kerngehäuse befreien. Nach 30 Minuten rund um den Braten verteilen. Nach Ende der Garzeit das Fleisch herausnehmen und zugedeckt im ausgeschalteten Backofen 10 Minuten nachziehen lassen.
Inzwischen die Sauce samt Zwiebeln und Äpfeln mit dem Mixstab pürieren. Die Sahne dazugießen und zur gewünschten Konsistenz einkochen lassen. Mit Salz und Pfeffer abschmecken. Den Braten in fingerdicke Scheiben schneiden und auf einer vorgewärmten Platte anrichten. Die Sauce separat servieren.

Dazu passen Tagliolini und ein kräftiger Südtiroler Kalterersee Klassisch Superiore oder ein Südtiroler St. Magdalener Klassisch.

Wirsing-Flan mit Weißweinsauce

Zutaten für 4 Portionen

- 250 g Wirsingblätter
- 1 EL Butter
- 1 Schalotte, fein gehackt
- 4 EL Gemüsebrühe
- 8 EL Sahne
- 100 g Südtiroler Speck ggA
- 2 Eier
- 2 Eigelbe
- Salz, Pfeffer
- Muskat, frisch gerieben
- Butter für die Förmchen

Für die Sauce:

- 1 Schalotte, fein gehackt
- 1 EL Butter
- 250 ml Südtiroler Chardonnay
- 150 g Crème fraîche
- 1 Spritzer Zitronensaft

Den Wirsing waschen und die dickeren Blattrippen der Blätter herausschneiden. Die Wirsingblätter in kochendem Salzwasser 5 Minuten blanchieren, eiskalt abschrecken und gut abtropfen lassen. Die Butter in einer Kasserolle erhitzen und die Schalotte darin andünsten. Die Wirsingblätter in schmale Streifen schneiden und kurz mitdünsten. Die Gemüsebrühe und die Sahne dazugießen und alles 10 Minuten zugedeckt garen. Dann mit dem Mixstab fein pürieren und das Püree etwas abkühlen lassen. Den Backofen auf 200 °C vorheizen.
Eine Gratinform auf die mittlere Schiene des Backofens stellen und zur Hälfte mit Wasser füllen. Den Südtiroler Speck von der Schwarte befreien und in sehr kleine Würfel schneiden. Die Eier und die Eigelbe verquirlen. Den klein gewürfelten Speck und den pürierten Wirsing untermischen. Mit Salz, Pfeffer und Muskat würzen.
Vier hitzebeständige Förmchen (ersatzweise Tassen) mit Butter ausreiben und mit dem Wirsingpüree bis knapp unter den Rand füllen. Die Förmchen in die mit Wasser gefüllte Gratinform stellen und die Flans in etwa 30 Minuten stocken lassen.

Inzwischen für die Sauce die Schalotte in heißer Butter andünsten. Mit dem Weißwein ablöschen und um ein Drittel reduzieren. Die Crème fraîche unterrühren und köcheln lassen, bis die Sauce cremig geworden ist. Die Sauce mit Salz, Pfeffer und Zitronensaft abschmecken. In die Wirsing-Flans mit einem Holzstäbchen hineinstechen, um zu prüfen, ob sie fertig sind. Das ist der Fall, wenn nichts mehr am Stäbchen hängen bleibt. Die Flans 5 Minuten abkühlen lassen, dann mit einem Messer von den Förmchen lösen und auf vier Teller stürzen. Mit der Sauce umgießen.

Dazu passen Vinschger Paarl und zarter Südtiroler Weißburgunder oder ein delikater Eisacktaler Sylvaner.

ENFELD

Geschmortes Kaninchen mit Weißwein, Äpfeln und Pilzen

Zutaten für 4–6 Portionen

- 1 Kaninchen, etwa 1,8 kg (vom Händler in Portionsstücke teilen lassen)
- Salz, Pfeffer
- 250 g Pfifferlinge oder andere Pilze
- 250 g kleine Zwiebeln (Cipolline)
- 2 Knoblauchzehen
- 500 g Äpfel, z. B. Golden Delicious
- 2 kleinere Möhren
- 250 g Fleischtomaten
- 3 EL Olivenöl
- 1 EL Rosmarinnadeln, gehackt
- einige Salbeiblättchen
- 300 ml trockener Südtiroler Rotwein (z. B. Merlot)

Die Kaninchenteile kurz abspülen und trockentupfen. Rundum mit Salz und Pfeffer einreiben. Die Pfifferlinge putzen und kurz abbrausen; größere Pilze halbieren oder vierteln. Die Cipolline und den Knoblauch schälen. Die Äpfel schälen, vom Kerngehäuse befreien und würfeln. Die Möhren schälen und ebenfalls würfeln. Die Tomaten überbrühen, häuten und grob zerschneiden. Den Backofen auf 200 °C vorheizen. Das Olivenöl in einem Bräter erhitzen, die Kaninchenteile darin rundum anbraten und herausnehmen.

Im verbliebenen Olivenöl die Cipolline und den Knoblauch hellbraun anbraten, Äpfel, Möhren und Pfifferlinge dazugeben. Die Tomaten mit dem Rosmarin und dem Salbei untermischen, mit Salz und Pfeffer würzen. Den Rotwein dazugießen und die Sauce einmal kurz aufkochen, die Temperatur auf 180 °C reduzieren.

Die Kaninchenteile hineinlegen und zugedeckt im vorgeheizten Backofen auf mittlerer Schiene knapp 1 Stunde schmoren.

Die Sauce abschmecken und zusammen mit dem Kaninchen anrichten.

Dazu passen in Butter geschwenke Kartoffelgnocchi und ein milder, gut strukturierter Südtiroler Blauburgunder.

Käsenocken auf geschmolzenen Tomaten mit Basilikum

Zutaten für 4 Portionen

- 350 g Vinschger Paarl
- 200 ml Milch
- 3 Eier
- 200 g Stilfser Bergkäse
- Salz, Pfeffer
- 1 Prise Muskat

Für die Sauce:

- 750 g Fleischtomaten
- 1 mittelgroße Zwiebel
- 1 Knoblauchzehe
- 1 EL Olivenöl
- 1 Bund Basilikum

Die Vinschgauer Paarl in eine Schüssel bröseln. Die Milch mit den Eiern verquirlen, darüber gießen und die Brotmischung 20 Minuten quellen lassen. Den geriebenen Käse hinzufügen und alles gut vermischen. Mit Salz, Pfeffer und Muskat würzen.
Die Tomaten überbrühen, häuten, entkernen und in kleine Würfel schneiden. Die Zwiebel und den Knoblauch schälen und fein hacken. Dann in einer Pfanne in Olivenöl glasig dünsten. Die Tomatenwürfel dazugeben und bei milder Hitze 10 Minuten dünsten. Mit Salz und Pfeffer würzen. Das Basilikum waschen und die Blättchen fein hacken. Die Hälfte davon unter die Brot-Käsemasse mischen, den Rest zum Schluss unter die Tomaten rühren. Reichlich Salzwasser aufkochen. Aus der Käse-Brotmischung mit zwei Esslöffeln Nocken formen, ins kochende Wasser geben und bei milder Hitze ca. 10 Minuten ziehen lassen. Mit einem Schaumlöffel herausnehmen und gut abtropfen lassen. Auf vorgewärmten Tellern anrichten und die Tomaten darauf verteilen.

Dazu passen Rucola-Salat und Südtiroler Weißburgunder oder Grauvernatsch, welche gleichzeitig eine gute Weichheit, aber auch eine angemessene Säure aufweisen. Wählen Sie aber hier nicht den Jahrgang 2003!

SUDTIROL

Desserts *und* Süßspeisen

Apfel-Mohn-Törtchen

Zutaten für 12 Törtchen

- 100 g Butter
- 3 Eigelbe
- 1 Pkg. Vanillezucker
- 150 g Zucker
- 3 Eiweiß
- 1 Prise Salz
- 150 g Mehl
- 70 g Haselnüsse, gerieben
- 25 g Mohn, gemahlen
- 1 Pkg. Backpulver
- 100 Äpfel, z. B. Pink Lady, geraspelt

Den Backofen auf 180 °C vorheizen. Weiche Butter mit dem Schneebesen schaumig rühren, Eigelbe, Vanillezucker und 50 g Zucker einrühren. Eiweiß mit einer Prise Salz und 100 g Zucker zu Schnee schlagen. Mehl, fein geriebene Haselnüsse, gemahlenen Mohn und Backpulver vermischen. Unter die Ei-Zucker-Masse abwechselnd das Mehl-Mohn-Gemisch, geraspelte Äpfel und den Eischnee mengen. 12 Backförmchen (Durchmesser 5 cm) mit weicher Butter ausstreichen, mit wenig Mehl und fein geriebenen Nüssen ausstreuen. Die Masse einfüllen und ca. 20 Minuten backen. Dazu mit Südtiroler Blütenhonig beträufelte Apfelspalten, Sahneeis und Himbeeren servieren.

Südtiroler Rosenmuskateller passt gut dazu.

Südtiroler Apfelstrudel

Zutaten für ca. 16 Stücke

- 100 g Rosinen
- 4 EL Grappa
- 500 g Magerquark
- 250 g Mehl
- 4 Eier
- 1 Prise Salz
- 2 EL Öl
- 125 g Butter oder Margarine
- 100 g Zucker
- 1 Pkg. Vanillezucker
- abgeriebene Schale von 1 unbehandelten Zitrone
- 4 EL Paniermehl
- 1 kg Äpfel, z. B. Royal Gala
- 3 EL Zitronensaft
- 2 EL Puderzucker
- etwas Öl zum Bestreichen
- Mehl für das Tuch

- Frischhaltefolie
- Backpapier

Rosinen waschen, trockentupfen, mit Grappa beträufeln. Zugedeckt einige Stunden ziehen lassen. Quark auf einem Sieb abtropfen lassen. Mehl, 1 Ei, Salz, Öl und 100 ml lauwarmes Wasser mit den Knethaken des Handrührgerätes verkneten. Dann ca. 10 Minuten mit den Händen zu einem geschmeidigen Teig verarbeiten. Mit wenig Öl bestreichen und in Folie wickeln. 30 Minuten bei Zimmertemperatur ruhen lassen.

25 g Fett, 75 g Zucker und Vanillezucker schaumig rühren. Nacheinander 3 Eier, den Quark und die Zitronenschale unterrühren.

25 g Fett zerlassen, Paniermehl darin anrösten, abkühlen lassen. Äpfel schälen, vierteln und entkernen, in Würfel schneiden, mit Zitronensaft beträufeln. Strudelteig auf einem bemehlten Geschirrtuch sehr dünn zu einem ca. 30 x 40 cm großen Rechteck ausrollen. 75 g Fett zerlassen. Teig mit ca. 2/3 des Fettes bestreichen und mit Paniermehl bestreuen. Quarkmasse darauf verstreichen, dabei an allen Seiten einen ca. 2 cm breiten Rand lassen. Äpfel und Rosinen auf der Quarkmasse verteilen. Mit 25 g Zucker bestreuen.

Teigkanten einschlagen und Strudel mit Hilfe des Tuches von der schmalen Seite her aufrollen. Teigrolle auf ein mit Backpapier ausgelegtes Backblech legen und mit dem übrigen Fett einstreichen. Im vorgeheizten Backofen bei 225 °C 35–40 Minuten backen. Strudel etwas abkühlen lassen. Mit Puderzucker bestäuben. Dazu schmeckt halbsteif geschlagene Schlagsahne.

Apfelküchlein

Zutaten für 4 Portionen

- 125 g Mehl
- 1/8 l Milch
- 2 Eigelbe
- 1/2 Pkg. Vanillezucker
- 1 EL Öl
- 2 Eiweiß
- 1 Prise Salz
- 1 EL Zucker
- 2 mittelgroße saftige Äpfel, z. B. Braeburn
- Saft von 1/2 Zitrone
- Backfett
- Zucker und Zimt zum Wälzen
- 4 Zitronenmelisseblätter
- 12 Himbeeren

Mehl in einer Schüssel mit Milch glatt rühren. Eigelbe, Vanillezucker und Öl einrühren. Das Eiweiß zunächst mit Salz aufschlagen, dann mit dem Zucker zu Schnee schlagen. Unter den Backteig ziehen. Äpfel schälen, vom Gehäuse befreien und in 1/2 cm dicke Spalten schneiden. Mit dem Zitronensaft beträufeln. Die Apfelspalten mit einer Gabel durch den Backteig ziehen und im heißen Fett hellbraun backen. Den Zucker mit dem Zimt vermischen und die Apfelküchlein darin wälzen. Mit Himbeeren und Melisse garnieren.
Dazu Vanillesauce und Zimthalbgefrorenes im Schokoladenstanitzel servieren.

Dazu passt Südtiroler Rosenmuskateller.

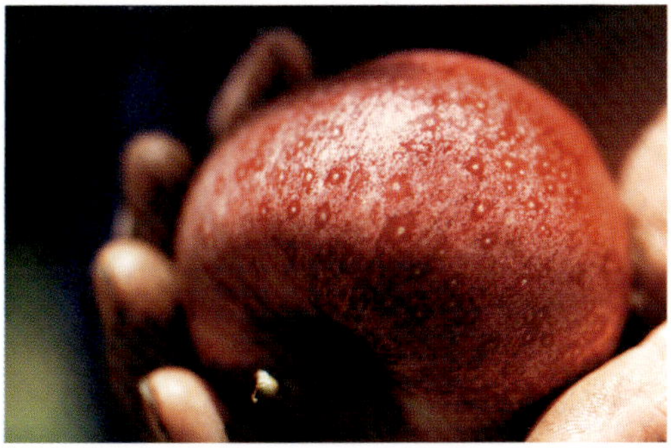

Topfenknödel mit Honigfrüchten

Zutaten für 4 Portionen

- 90 g Butter
- 1 Pkg. Vanillezucker
- 1 Msp. geriebene Zitronenschale
- 1 Prise Salz
- 200 g Topfen (Quark)
- 2 Eier
- etwa 1 TL Mehl
- 100 g Vinschger Paarl (entrindet, in Würfel geschnitten)
- 50 g Semmelbrösel
- 1 TL Zimt
- 50 g Zucker
- Sternanis
- Waldmeister- oder Pfefferminzblätter
- Südtiroler Honig
- etwas Grand Marnier
- verschiedene Früchte wie Äpfel oder Birnen, Orangen etc. in Würfeln oder Scheiben

40 g weiche Butter, Vanillezucker, Zitronenabrieb und das Salz schaumig schlagen, den Topfen, die Eier und das Mehl dazugeben und zuletzt das Brot untermengen. Die Masse für ca. 1 Stunde kalt stellen. Dann mit dem Eisportionierer Knödel formen und in kochendem Salzwasser 10 Minuten garen. Die Semmelbrösel in 50 g Butter anrösten, mit Zimt und Zucker vermischen, die Knödel darin wälzen. Mit etwas Sternanis, Minze oder Waldmeister dekorieren. Honig mit etwas Grand Marnier in einer Pfanne erwärmen, die Obstwürfel oder -scheiben darin erhitzen und zu den Knödeln servieren.

Hierzu empfehlen wir Südtiroler Goldmuskateller Passito.

Südtiroler Honigparfait

Zutaten für 4 Portionen

- 75 ml Milch
- 75 g Südtiroler Waldhonig
- 2 Eigelbe
- 75 g Walnusskerne
- 200 ml Sahne
- 600 g Südtiroler Äpfel, z. B. Royal Gala
- 100 ml naturtrüber Apfelsaft
- 100 g Zucker
- 1/2 Zimtstange
- 1 TL Speisestärke
- Melisse zum Verzieren
- Öl für die Alufolie

Milch und 50 g Honig aufkochen, ca. 10 Minuten abkühlen lassen. Eigelbe mit der Honigmilch verrühren. Über einem heißen Wasserbad aufschlagen, bis die Masse dickcremig ist. Über einem kalten Wasserbad abkühlen lassen.

50 g Walnüsse fein hacken. Sahne steif schlagen. Nüsse und Sahne unter die Creme heben. In 4 Förmchen (100 ml Inhalt) füllen und für 6–8 Stunden ins Gefrierfach stellen.

Für das Apfelkompott Äpfel schälen, vierteln und entkernen, in Würfel schneiden. Äpfel mit Apfelsaft, 40 g Zucker und der Zimtstange in einen Topf geben. Zugedeckt 5–8 Minuten köcheln lassen. Die Äpfel sollen weich, aber noch nicht zerfallen sein. Stärke mit etwas Wasser glatt rühren, in das Kompott rühren. Unter Rühren ca. 1 Minute köcheln. Auskühlen lassen.

60 g Zucker in einer Pfanne goldgelb karamellisieren. Restliche Walnüsse zugeben und in dem Karamell wenden. Nüsse auf ein mit wenig Öl bestrichenes Stück Alufolie geben.

Förmchen kurz in heißes Wasser tauchen, Parfait auf vier Teller stürzen und das Kompott darauf verteilen. Parfait mit den übrigen 25 g Honig beträufeln. Mit den Karamellnüssen und Melisse verzieren.

Apfelsaft-Zabaione mit Honig *Bild links*

Zutaten für 4 Portionen

- 4 EL Honig
- 5 Eigelbe
- 1 Prise gemahlener Zimt
- 300 ml Apfelsaft
- Saft von 1/2 Zitrone
- 6 cl Grappa
- 2 TL grüne, gehackte Pistazien

Den Honig mit den Eigelben in einen kleinen Topf geben. Dann mit dem Handrührer zu einer cremigen Masse aufschlagen. Dabei den Zimt untermischen.

Den Topf auf den Herd stellen und bei milder Hitze den Apfelsaft, den Zitronensaft und den Grappa langsam dazugießen. Währenddessen ständig rühren, bis eine dicke, schaumige Creme entstanden ist.

Die Apfelsaft-Zabaione in Dessertschalen oder Gläser füllen und mit den gehackten Pistazien bestreuen.

Südtiroler Apfelkrapferl

Zutaten für ca. 15 Stück

- 1 Apfel, z. B. Golden Delicious
- 1 EL Grappa
- 1 TL Zitronensaft
- 1 Prise Zimt
- 250 g Mehl
- 10 g Hefe
- 3 EL Zucker
- 50 g Butter
- 1 großes Ei
- 1 Prise Salz
- 1 kg Butterschmalz oder Öl zum Frittieren
- Zucker und Zimt zum Wälzen

Den Apfel schälen, vierteln und vom Kerngehäuse befreien. Dann grob raspeln und mit Grappa, Zitronensaft und Zimt mischen. Zugedeckt ziehen lassen.

Das Mehl in eine Schüssel sieben und in die Mitte eine Mulde drücken. Die Hefe mit 2 EL Zucker und 6 EL warmem Wasser anrühren, in die Mulde gießen und mit etwas Mehl verrühren. Zugedeckt 20 Minuten gehen lassen. Die Butter schmelzen, mit dem Ei, dem Salz und dem restlichen Zucker dazugeben und zu einem geschmeidigen Teig verarbeiten. Die marinierten Äpfel untermischen.

Das Butterschmalz in einem hohen Topf oder einer Fritteuse erhitzen. Von dem Teig mit einem Esslöffel Nocken abstechen und in dem heißen Fett (ca. 180 °C) 4–5 Minuten goldbraun ausbacken. Den Zucker mit dem Zimt mischen. Die Apfelkrapferl mit einem Schaumlöffel herausnehmen und auf Küchenpapier abtropfen lassen. Vor dem Servieren mit Zimtzucker bestreuen.

Wählen Sie hierzu als Wein einen Gewürztraminer Passito oder einen Goldmuskateller Passito.

Apfelsoufflé mit Ricotta und Weinschaumsauce

Zutaten für 4 Portionen

- 1 Vinschger Paarl
- 250 ml heiße Milch
- 3 Eier
- 5 EL Zucker
- 250 g Ricotta
- 2 Äpfel, z. B. Golden Delicious
- Fett für die Förmchen

Für die Sauce:

- 3 Eigelbe
- 50 g Zucker
- 250 ml Weißwein
- 2 Eiweiß

Die Vinschgauer Paarl klein würfeln, mit der Milch übergießen und 10 Minuten ziehen lassen. Inzwischen die Eier trennen und die Eigelbe mit dem Zucker cremig schlagen. Den Backofen auf 180 °C vorheizen.
Die Brotwürfel etwas ausdrücken und zusammen mit dem Ricotta unter die Eiercreme rühren. Die Äpfel schälen, vierteln, vom Kerngehäuse befreien, in kleine Würfel schneiden und untermischen.
Das Eiweiß zu steifem Schnee schlagen. Den Eischnee gleichmäßig unter die Mischung heben. Vier Portionsförmchen oder eine Auflaufform einfetten und mit der Mischung füllen. Im vorgeheizten Backofen auf mittlerer Schiene 30–35 Minuten backen.
Inzwischen für die Sauce die Eigelbe mit dem Zucker in einer Metallschüssel schaumig schlagen. Die Schüssel in ein leicht siedendes Wasserbad stellen und den Weißwein unter Rühren langsam dazugießen. So lange bei milder Hitze weiter schlagen, bis die Sauce cremig geworden ist. Das Eiweiß steif schlagen und den Eischnee zum Schluss unterheben. Das Apfelsoufflé mit der Sauce auf vier Tellern anrichten.

Hierzu empfehlen wir einen nicht zu kräftigen Südtiroler Eisacktaler Silvaner Passito (falls vorhanden) oder einen Südtiroler Goldmuskateller Passito.

Beerensülze mit Rosenmuskateller und Vanillesahne

Zutaten für 4 Portionen

- 750 g Erdbeeren
- 4 EL Puderzucker
- 6 EL Südtiroler Rosenmuskateller
- 6 Blatt weiße Gelatine
- 150 g Heidelbeeren
- 150 g Himbeeren
- 200 ml Sahne
- 2 TL Vanillezucker
- Minzeblättchen zum Garnieren

Die Erdbeeren waschen und abzupfen; 150 g davon abwiegen und beiseite legen. Die restlichen Erdbeeren mit dem Puderzucker und dem Rosenmuskateller im Mixer fein pürieren. Die Gelatine 5 Minuten in kaltem Wasser einweichen. Inzwischen die restlichen Erdbeeren je nach Größe halbieren oder vierteln. Die Heidelbeeren und die Himbeeren waschen, abtropfen lassen und mit den Erdbeeren mischen. Dann in Portionsförmchen oder einer kleinen Kastenform verteilen. Die Gelatine tropfnass in einen Schöpflöffel geben, diesen in leicht siedendes Wasser halten, bis sich die Gelatine aufgelöst hat. Die aufgelöste Gelatine mit etwas Erdbeerpüree mischen, dann mit dem übrigen Erdbeerpüree verrühren und auf die Beeren in die Form gießen. Die Sülzchen im Kühlschrank etwa 2 Stunden gelieren lassen. Inzwischen die Sahne leicht schlagen, so dass sie noch etwas flüssig ist. Dabei den Vanillezucker einrieseln lassen. Die Sülzchen herausnehmen und mit einem Messer zwischen Sülzchen und Form entlangfahren, dann die Förmchen kurz in heißes Wasser halten und die Sülzchen auf Teller stürzen. Mit der Vanillesahne umgießen und mit Minze garnieren.

Hierzu passt ein zarter, nicht zu alkoholstarker Südtiroler Rosenmuskateller.

Ricottasoufflé mit Grappa und Apfelragout

Zutaten für 4 – 6 Portionen

- 2 unbehandelte Zitronen
- 3 Eier
- 80 g Zucker
- 500 g Ricotta oder Magerquark
- 3 EL Grappa
- 1 Prise Salz
- 3 EL fein gemahlene Mandeln
- Fett für die Förmchen
- 500 g Äpfel, z. B. Royal Gala
- 50 g Rosinen
- 1 EL Butter
- 3 EL Puderzucker
- Zitronenmelisse oder Minze

Die Zitrone heiß abwaschen und die Hälfte der Schale abreiben, die Zitrone auspressen. Den Backofen auf 180 °C vorheizen. Die Eier trennen. Die Eigelbe mit dem Zucker zu einer hellgelben, cremigen Masse aufschlagen. Den Ricotta, die Zitronenschale und 1 EL Zitronensaft mit dem Grappa nach und nach unterrühren. Das Eiweiß mit einer Prise Salz zu Eischnee schlagen und mit 2 EL gemahlenen Mandeln unter die Eiercreme heben. Den Boden der Souffléförmchen einfetten und mit den restlichen gemahlenen Mandeln ausstreuen. Dann jeweils zu zwei Dritteln mit der Mischung füllen und im vorgeheizten Backofen auf der unteren Schiene 20–25 Minuten goldbraun backen. Inzwischen die Äpfel schälen, vierteln und vom Kerngehäuse befreien. Die Äpfel klein würfeln und mit den Rosinen in der Butter andünsten. Den restlichen Zitronensaft und den Puderzucker untermischen und 10 Minuten bei milder Hitze dünsten. Die Soufflés auf Teller stürzen und mit Puderzucker bestreuen. Das Apfelragout rundum verteilen, mit Zitronenmelisse oder Minze garnieren und sofort servieren.

Hierzu empfehlen wir einen Südtiroler Passito.

Birnen-Sahne-Eis mit Grappa-Zabaione

Zutaten für 4 Portionen

- 500 g Birnen
- Saft von 1/2 Zitrone
- 250 ml Sahne
- 1 EL Vanillezucker
- 1 Prise Zimt
- 100 g Zucker
- 4 Eigelbe
- 250 ml Milch
- 6 cl Grappa
- Minze zum Garnieren

Die Birnen schälen, vierteln und das Kerngehäuse entfernen. Zusammen mit dem Zitronensaft im Mixer pürieren. Die Sahne mit dem Vanillezucker steif schlagen und mit dem Zimt unter das Birnenpüree rühren. Die Masse in eine Metallschale füllen und für mindestens 2 Stunden in den Gefrierer stellen oder in einer Eismaschine gefrieren lassen. Eine halbe Stunde vor dem Servieren in den Kühlschrank stellen. Den Zucker mit den Eigelben in einen kleinen Topf geben und mit dem Rührgerät zu einer cremigen Masse aufschlagen. Den Topf auf den Herd stellen und bei milder Hitze die Milch und den Grappa langsam dazugießen. Währenddessen ständig rühren, so lange, bis eine dicke, schaumige Creme entstanden ist. Dann abkühlen lassen. Das Eis zu Kugeln formen und in Dessertschalen verteilen. Mit der Zabaione übergießen, etwas Zimt darüber stäuben und mit der Minze garnieren.

Rotweincreme mit Trauben und Vanillesahne

Zutaten für 4 Portionen

- 750 g blaue Weintrauben
- 8 EL Zucker
- 6 EL Speisestärke
- 300 ml kräftiger Blauburgunder
- 1 Vanilleschote
- 250 ml Sahne
- Minze zum Garnieren

Die Trauben überbrühen, häuten, halbieren und die Kerne entfernen. Dann mit 5 EL Zucker in einem Topf mischen. Zugedeckt 5 Minuten bei milder Hitze dünsten, dabei öfters umrühren. 5 EL Speisestärke mit dem Rotwein verrühren, unter die Trauben mischen, aufkochen und weitere 3 Minuten köcheln lassen. Dann in vier Dessertschalen füllen, abkühlen lassen und 30 Minuten kalt stellen. Für die Sauce die Vanilleschote aufschlitzen und das Mark auskratzen. Das Vanillemark mit der Sahne, 3 EL Zucker und 1 EL Speisestärke in einer Kasserolle verrühren, aufkochen und gut 5 Minuten köcheln lassen, bis die Sauce eine sehr dickflüssige Konsistenz hat. Die Vanillesahne abkühlen lassen und vor dem Servieren auf der Creme verteilen. Mit Minze garnieren.

Dazu passen ein Rosenmuskateller oder ein Blauburgunder Passito.

Beerentörtchen mit Nusssahne

Zutaten für 4 Portionen

- 3 Eiweiß
- 120–150 g Puderzucker
- 150 g Johannisbeeren
- 150 g Erdbeeren
- 150 g Himbeeren
- 4 EL Südtiroler Grappa
- 2 EL Südtiroler Waldhonig
- 200 ml Sahne
- 2 TL Zucker
- 1 El gemahlene Haselnüsse

- Backpapier zum Auslegen

Ein Backblech mit Backpapier auslegen und vier Kreise von ca. 10 cm Durchmesser aufzeichnen. Den Backofen auf 100 °C vorheizen. Das Eiweiß in einen Rührbecher geben und mit den Schneebesen des Rührgerätes zu sehr steifem Schnee schlagen, dabei den Puderzucker langsam einrieseln lassen. Den Eischnee in einen Spritzbeutel mit mittelgroßer Tülle füllen. Spiralförmig in die vorgezeichneten Kreise spritzen, so dass ein Boden entsteht, dann ringsum einen ca. 2 cm hohen Rand spritzen. Die Baisertörtchen im vorgeheizten Backofen 45 Minuten trocknen lassen, dann weitere 10 Minuten bei 150 °C fertig backen, dabei die Backofentür leicht öffnen dazu einen Kochlöffel in die Tür klemmen. Die Baisertörtchen herausnehmen und auf einem Gitter ganz auskühlen lassen. Während die Törtchen backen, Johannisbeeren und Erdbeeren waschen und abzupfen, die Erdbeeren klein schneiden. Die Himbeeren kurz abbrausen und mit den Erdbeeren und den Johannisbeeren mischen. Den Grappa mit dem Honig verrühren und über die Früchte gießen, im Kühlschrank bis zum Servieren ziehen lassen. Die marinierten Beeren auf den Baisertörtchen verteilen. Die Sahne mit dem Zucker steif schlagen, die gemahlenen Nüsse untermischen und die Nusssahne mit einem Spritzbeutel auf den Früchten verteilen.

Dazu empfehlen wir einen kräftigeren Südtiroler Rosenmuskateller Passito.

Gefüllte Äpfel in Blätterteig

Zutaten für 4 Portionen

- 300 g TK-Blätterteig
- 4 kleinere Südtiroler Äpfel, z. B. Pink Lady
- 150 g Marzipan
- 1 EL gehackte Mandeln
- 1 EL Südtiroler Grappa
- 3 EL Sahne
- Mehl für die Arbeitsfläche
- 1 Eigelb zum Bestreichen

- Backpapier

Den Blätterteig aus der Packung nehmen und auftauen lassen. Inzwischen die Äpfel schälen und das Kerngehäuse mit einem Apfelausstecher herauslösen. Das Marzipan mit Grappa und 1 EL Sahne verrühren. Den Backofen auf 200 °C vorheizen. Die Teigplatten aufeinander legen und auf einer bemehlten Fläche ca. 3 mm dick ausrollen. Dann in 4 Quadrate schneiden und in die Mitte jeweils einen Apfel setzen. Die Marzipanmischung in die Äpfel füllen. Den Teig um die Äpfel hochschlagen und die Enden oben zusammendrehen. Die Äpfel auf ein mit Backpapier ausgelegtes Blech setzen. Das Eigelb mit 2 EL Sahne verrühren und den Teig damit einpinseln. Die Äpfel etwa 15–20 Minuten auf der mittleren Schiene goldgelb backen.

Wählen Sie hierzu zwischen einem eleganten, nicht zu kräftigen Südtiroler Sauvignon Passito und einem Cuvée mit Sauvignon Passito.

Vanillecreme mit marinierten Erdbeeren

Zutaten für 4 Portionen

- 400 g Erdbeeren
- 7 EL Zucker
- 1 EL Südtiroler Grappa
- 375 ml Milch
- 2 Vanilleschoten
- 2 Eier
- 4 Eigelbe
- 1 gestrichener EL Speisestärke
- 150 ml Sahne
- 1 TL gehackte Pistazien

Die Erdbeeren waschen, putzen und in Scheiben schneiden. Mit 3 EL Zucker und dem Grappa mischen und im Kühlschrank ziehen lassen. Die Milch in einen Topf gießen. Die Vanilleschoten aufschlitzen, das Vanillemark herauskratzen und mit den Schoten zur Milch geben. Alles langsam aufkochen, dann den Topf vom Herd nehmen.

Die Eier mit den Eigelben und 4 EL Zucker mit dem Schneebesen zu einer hellgelben, cremigen Masse aufschlagen. Die Vanilleschoten aus der Milch nehmen. Die Speisestärke mit etwas kaltem Wasser anrühren, unter die Milch mischen, kurz aufkochen und langsam unter die Eiermasse rühren. Die Schüssel in ein leicht siedendes Wasserbad stellen und bei milder Hitze so lange mit dem Schneebesen schlagen, bis die Masse dickcremig geworden ist. Die Vanillecreme etwas abkühlen lassen und vier Dessertschalen zur Hälfte damit füllen. Die Erdbeeren darauf verteilen und mit der restlichen Creme bedecken. Das Dessert 30 Minuten kalt stellen. Vor dem Servieren die Sahne steif schlagen, die Creme damit garnieren und mit den Pistazien bestreuen.

Granny Smith-Sorbet mit Ingwer

Zutaten für 4 Portionen

- 100 g Zucker
- 300 ml Wasser
- 6 mittelgroße Äpfel, z. B. Granny Smith
- 1 Stück Ingwer
- Saft von 1/2 Zitrone
- frische Minzeblättchen

In einem größeren Topf den Zucker mit dem Wasser köcheln, bis er sich ganz aufgelöst hat. 4 Äpfel gut waschen, einen Deckel abschneiden und die Äpfel bis auf 1 cm aushöhlen. Das Fruchtfleisch ohne Kerngehäuse klein schneiden. Die restlichen 2 Äpfel schälen, vierteln, vom Kerngehäuse befreien und zerkleinern. Den Ingwer schälen und fein hacken. Zusammen mit dem Apfelfruchtfleisch und dem Zitronensaft in den Topf geben und bei milder Hitze zugedeckt ca. 15 Minuten dünsten. Alles mit dem Mixstab fein pürieren und durch ein Sieb streichen. Das Püree abkühlen lassen. Dann in eine Metallschale füllen und für etwa 4 Stunden in den Tiefkühler stellen. Dabei ab und zu mit einem kleinen Schneebesen durchrühren, damit keine Eiskristalle entstehen. Zum Servieren das Sorbet in einen Spritzbeutel geben und in die ausgehöhlten Äpfel füllen. Nach Belieben mit Minze garnieren.

Mandelschupfnudeln auf Apfelkompott

Zutaten für 4 Portionen

- 800 g Äpfel, z. B. Elstar
- 100 ml trockener Südtiroler Weißwein (Riesling)
- 2 EL Südtiroler Alpenrosenhonig
- 1 Zimtstange
- 1 kg Kartoffeln, mehlige Sorte (z. B. Primura)
- 2 EL Butter
- 150 g Mehl
- 50 g gemahlene Mandeln
- 2 Eier
- 2 EL Zucker
- 2 TL Zimt
- 2 EL Mandelblättchen

Die Äpfel schälen und vierteln, vom Kerngehäuse befreien und grob zerschneiden. Zusammen mit dem Weißwein, dem Honig und der Zimtstange in einen Topf geben und bei milder Hitze 30 Minuten dünsten. Vom Herd nehmen, den Zimt entfernen und die Äpfel abkühlen lassen.
Die Kartoffeln schälen, vierteln und in einen Topf geben. Knapp mit Salzwasser bedecken und etwa 15 Minuten garen. Dann abgießen und gleich heiß durch die Kartoffelpresse in eine Schüssel drücken. Die durchgedrückten Kartoffeln etwas abkühlen lassen. Dann mit 2 EL Butter, dem Mehl, den Mandeln und den Eiern zu einem Teig vermischen.
In einem großen Topf reichlich Salzwasser aufkochen. Aus dem Kartoffelteig mit bemehlten Händen etwa 8 cm lange, daumendicke Nudeln formen. Die Kartoffelnudeln in das kochende Salzwasser geben und bei schwacher Hitze im offenen Topf etwa 15 Minuten gar ziehen lassen.
Inzwischen den Zucker mit dem Zimt mischen. Die Kartoffelnudeln mit einem Schaumlöffel aus dem Salzwasser nehmen und dabei sehr gut abtropfen lassen. Dann auf vier Tellern mit dem Apfelkompott anrichten und mit Mandelblättchen und Zimtzucker bestreuen.

Hierzu empfehlen wir einen Südtiroler Gewürztraminer Passito.

Suppen und Vorspeisen

Hauptspeisen und kleine Gerichte

Desserts und Süßspeisen

Impressum

Gestaltung und Satz

Boening Design, Frankfurt/Main

Fotografie

Angela Francisca Endress:
Foodfotografie auf den Seiten 30, 35-38, 50-71 und 80-93.

Italienisches Institut für Außenhandel I.C.E. und Handelskammer Bozen:
Foodfotografie auf den Seiten: 20-29, 32, 42-49 und 74-79 und alle weiteren Aufnahmen (Landschafts- und Produktaufnahmen).

Rezepttexte

Cornelia Adam, München,
für die Rezepte auf den Seiten 31, 33-39, 51-71 und 81-92.

Italienisches Institut für Außenhandel I.C.E. und Handelskammer Bozen
für die Rezepte auf den Seiten 20-29, 32, 42-48 und 74-79.

Einführende Texte

Cornelia Adam, München

Druck und Verarbeitung

Eurolitho S.p.A., Rozzano

Printed in Italy
ISBN 3-86528-227-X

Besuchen Sie uns im Internet
www.umschau-buchverlag.de